Alice Miller

BEDEN ASLA YALAN SÖYLEMEZ

okuyanus

okuyan us

Psikoloji/Psikiyatri - 71

Beden Asla Yalan Söylemez
Üzerini örttüğümüz her şeyin altında kalırız
Alice Miller

ISBN: 978-605-5134-65-5
Yayıncı Sertifika No. 49055

1. Baskı: İstanbul, Kasım 2014
34. Baskı: İstanbul, Haziran 2026

Genel Yayın Yönetmeni: Cem Mumcu
Yayın Yönetmeni: Meltem Türkeri
Yayın Koordinatörü: Melike Aydın
Almancadan Çeviren: Cihan Dansuk
Editör: Meltem Türkeri

Kapak Tasarımı: Ebru Demetgül
Sayfa Tasarımı: Deniz Dalkıran

Baskı ve Cilt: Epsilon Baskı Çözümleri. Gürsel Mah.
İcabet Sokak, No:3 Kağıthane, İstanbul
Tel: (0212) 294 46 00 Sertifika No: 80940

Orijinal Adı: *Die Revolte des Körpers*

Kurucu: Cem Mumcu

Özgür ve Ebru, hep bizimlesiniz...

Adres: Gürsel Mah. İcabet Sokak, No:3 Daire:6
Kağıthane, İstanbul Tel.: (0212) 272 20 85 - 86

okuyanus@okuyanus.com.tr
www.okuyanus.com.tr

Alice Miller

BEDEN ASLA YALAN SÖYLEMEZ

"Üzerini örttüğümüz her şeyin altında kalırız."

-Cem Mumcu

Almancadan Çeviren:
Cihan Dansuk

okuyan us

Yazar Hakkında

Alice Miller

Alice Miller, Basel'de felsefe, psikoloji ve sosyoloji öğrenimi gördü. Mezun olduktan sonra Zürih'te psikanaliz eğitimi gördü ve yirmi yıl psikanaliz üzerinde çalıştı. Yazı yazmak için 1980 yılında mesleğini ve eğitim vermeyi bıraktı. Ondan sonra kamuoyunu çocuk araştırmalarının sonuçları hakkında bilgilendiren on üç kitap yayımladı. Alice Miller 14 Nisan 2010 günü, 87 yaşında hayatını kaybetti.

Son zamanlarda yayımlanan kitapları arasında *Hayat Yolları* (Wege des Lebens), *Altı Vaka* (Sechs Fallgeschichten), *Hayatının Kurtuluşu* (Dein gerettetes Leben), *Kurtuluşun Yolu* (Wege zur Befreiung) (2007), *Hayatımın Resimleri* (Bilder meines Lebens), *Sessizlik Duvarının Yıkılışı* (Abbruch der Schweigemauer), *Gerçeklerin Hakikati* (Die Wahrheit der Fakten), *Havva'nın Uyanışı* (Evas Erwachen) ve *Duygusal Körlüğün Çözülüşü Hakkında* (Über die Auflösung emotionaler Blindheit) yer alır.

İçindekiler

*"Duygular, bir lüks değildir;
varoluş mücadelesi sırasında uzatılan
karmaşık bir yardım elidir."*

Antonio R. Damasio

Önsöz

Bütün kitaplarımdaki ana tema, çocuklukta yaşadığımız acıların inkar edilmesidir. Bu kitapların her biri, bu olgunun belirli bir boyutu ile ilgili olup bir temayı diğerlerinden daha çok vurgular. Örneğin, *Başlangıçta Eğitim Vardı* (Am Anfang was Erziehung) ve *Fark Etmeyeceksin* (Du sollst nicht merken) adlı kitaplarda bu inkarın sebepleri ve sonuçları üzerinde durdum. Sonraki yapıtlarda inkarın yetişkinlerin hayatları ve toplum üzerindeki etkisini ele aldım (örneğin, *El Değmemiş Anahtar*'da [Der gemiedene Schlüssel)] özellikle sanat ve felsefe, *Sessizlik Duvarının Yıkılışı*'nda (Abbruch der Schweigemauer) ise siyaset ve psikiyatri üzerinde durdum*)*. Bu farklı hususlar bütünüyle tek başlarına incelenemeyeceği için, aşikar bir örtüşme ve tekrar vardır. Ancak dikkatli okur, mükerrer konuların farklı bağlamlarda ve farklı açılardan ele alındığını fark edecektir.

Ancak bağlamdan bağımsız olan husus, belirli kavramları ele alma biçimimdir. Örneğin, "bilinçsiz" sözcüğünü bastırılan, inkar edilen ya da bağı koparılan şeyler (anılar, duygular, ihtiyaçlar) için kullanıyorum. Bana göre, bir insanın bilinçdışı; yaşam öyküsünden başka bir şey değildir, bütünüyle kişinin bedeninde saklı duruyor olsa da ona bilinçli olarak yalnızca parça parça erişilebilir. Bu doğrultuda "gerçek" (*Wahrheit*) sözcüğünü asla metafiziksel anlamıyla kullanmıyorum, söz konusu bireyin somut hayatı ile bağlantılı öznel bir varlık olarak kullanıyorum. Bu yüzden sürekli "onun" gerçeği diyorum, söz konusu insanın duygularının işaret ettiği ve yansıttığı gerçek hikayesinden söz ediyorum (s. 33; 157). Duygu (*Emotion*) ise çok açık değil, aynı zamanda şimşekten korkma, kandırılmaktan duyulan öfke ya da arzu edilen bir hediyenin alınmasından duyulan sevinç gibi harici ve dahili olaylara gösterilen, hayati önem taşıyan fiziksel tepkilerdir. "*Gefühl*" olarak kullanılan duygu ise bir *emotion* anlamındaki duygunun *bilinçli* olarak algılanmasıdır (s. 33, 119, 163). Duygusal körlük ise genellikle çok pahalıya mal olan ve çoğunlukla kendi kendini mahveden bir lükstür (2001).

Bu kitaptaki temel kaygım, gerçek ve güçlü duygularımızın inkarının bedenlerimiz üzerindeki etkileridir. Böylesi bir inkarı bizden ahlak ve din talep eder. Hem kişisel tecrübem hem de çok sayıda insanın anlattıklarına dayanan psikoterapi hakkında bildiklerim doğrultusunda şu sonuca ulaştım: Çocukluklarında suistimal edilen çocuklar, gerçek duygularını muazzam bir şekilde bastırarak ve onlardan uzaklaşarak Dördüncü Emir'e uymaya kalkışabilirler. Anne babalarını sevemezler ve onlara hürmet edemezler çünkü bilinçdışında hâlâ onlardan korkuyorlardır. Ancak ne kadar isteseler de rahat ve güvene dayalı bir ilişki kuramazlar.

Onun yerine, gerçekleşen şey hastalıklı bir bağlanma, pek de gerçek sevgi olmayan, korku ve görev duygusunun karışımıdır, bir görüntüden ibarettir. Ayrıca çocukluğunda suistimal edilen insanlar, genellikle hayatları boyunca, bir gün o mahrum bırakıldıkları sevgiyi yaşayacaklarımı umarlar. Bu beklentiler, ebeveynine olan bağlılıklarını pekiştirir, bu bağlılığa dinde sevgi denir ve bir erdem gibi görünür. Ne yazık ki terapilerin çoğunda aynı şey olur, çünkü hâlâ geleneksel ahlakın hakimiyeti altındadır. Bu ahlakın bedelini de beden öder.

Hissetmeleri gerekeni hissettiğine inanan ve hissetmeyi kendilerine yasakladıkları duyguları hissetmemek için ellerinden geleni yapan bireyler, sonunda hastalanırlar; yani kabullenemedikleri duyguları çocuklarına yansıtarak faturayı onlara ödetirler.

Burada dinin ve ahlakın talepleri ile çok uzun bir süre üstü kapatılan psikobiyolojik bir yasayı ortaya koyuyorum.

Kitabın birinci bölümü, bu yasanın, ünlü şahsiyetlerin hayatlarını nasıl etkilediğini gözler önüne serer. Sonraki bölümlerde ise kendini kandırma kısır döngüsünü kırabilen ve genellikle fiziksel belirtilerden kurtulmaya yol açan samimi iletişime ulaşmanın yolları anlatılır.

Giriş: Ahlak ve Beden

Hastalıklar, genellikle bedenin, hayati işlevlerinin sürekli görmezden gelinmesine gösterdiği tepkilerdir. Gerçek hikayemize sadık olmak bu işlevlerden biridir. Bu doğrultuda bu kitabın temel meselesi, hissettiklerimiz ve bildiklerimiz, yani bedenlerimizin kaydettikleri ile çok erken içselleştirdiğimiz ahlaki kurallara uymak için hissetmemiz *gerektiğini* düşündüklerimiz arasındaki çelişkidir. Genel kabul görmüş bir normun –Dördüncü Emir'in- gerçek duygularımızı kabul etmemizi sürekli engellediği ve bu fedakarlığın bedelini çeşitli fiziksel hastalıklar ile ödediğimiz ortaya çıkıyor. Bu kitap, bu kuram hakkında pek çok örnek ortaya koyar; ne var ki buradaki odak noktam, yaşam öykülerini anlatmak değildir, daha ziyade çocuklarını suistimal eden ebeveynle olan ilişki meselesidir.

Tecrübelerim bana şunu öğretmiştir; kendi bedenim, daha fazla özerklik ve özgüven kazanmamı sağlayan bütün gerekli bilgilerin kaynağıdır. Yalnızca çok uzun süre içimde hapsolmuş duyguları hissetmeme izin verdiğim zaman, geçmişimden kurtulmaya başladım. Hakiki duygular asla zorla hissedilemez. Yalnızca varlardır ve var olmalarının bir sebebi vardır, bu sebep çoğunlukla gizli olsa da. Bedenim çok iyi bildiği sebepler yüzünden buna isyan ederse, kendimi anne babamı sevmek ya da onlara hürmet etmek için zorlayamam. Ne var ki yine de Dördüncü Emir'e boyun eğmeye kalkışırsam, sonuç -kendimden imkansızı talep ettiğim zaman olduğu gibi- hep stres olacaktır. Neredeyse hayatım boyunca böylesi bir stres altında yaşadım. Kabul ettiğim ahlak ve değerler sistemi doğrultusunda hareket etmek için hissettiğim kötü duyguları yok sayıp, hissetmediğim iyi duyguları tasavvur etmek için uğraştım. Aslında bir kız çocuğu olarak sevilmek için bunu yaptım. Ancak evdeki hesap çarşıya uymadı; sonunda sevgi yoksa, onu zorla yaratamayacağımı kabul etmek zorunda kaldım. Öte yandan, böylesi bir sevgiyi talep etmeyi bıraktığım ve dayatılan ahlaki emirlere boyun eğmeye son verdiğim an, -örneğin, çocuklarıma ya da arkadaşlarıma duyduğum sevgi gibi- sevgi hissinin kendiliğinden ortaya çıkacağını öğrendim. Ancak böylesi bir his, sadece kendimi özgür hissettiğim ve –olumsuz duygular da dahil olmak üzere- bütün duygularıma açık olduğum zaman mümkün olur.

Duygularımı yönlendiremeyeceğimin, kendimi kandıramayacağımın farkına varmam, bana muazzam bir rahatlık ve özgürlük sağladı. O zaman benim gibi ne kadar çok kişinin -bunun bedelini kendi bedenlerine ya da çocuklarına ödeteceklerini hiç fark etmeden- Dördüncü Emir'e uyma çabası içinde olduğunu gördüm. Çocuklar bu şekilde kullanılmalarına izin verdikleri sürece, insan kendi gerçeğinin ve hastalanmasına sebep olacak şekilde kendisini kandırdığının farkına varmadan yüz yaşına kadar yaşayabilir.

Çocukluğunda maruz kaldığı mahrumiyetlerin, kendi çocuğunu sevmesini –ne kadar kendini zorlarsa zorlasın- imkansız kıldığını itiraf etmek zorunda kalan bir anne, elbette bunu kelimelere dökme fırsatına sahip olursa ahlaksızlık ile suçlanmayı bekleyebilir. Ancak demek istediğim şu; hakiki duygularının –ahlaki yargılardan bağımsız olarak- farkında olması, hem kendisine hem de çocuğuna en çok ihtiyaç duyduğu samimi desteği sağlayabilir ve aynı zamanda kendini kandırmanın kelepçelerinden kendisini kurtarmasını mümkün kılabilir.

Bir çocuk dünyaya geldiği zaman, ebeveyninden en çok ihtiyaç duyduğu şey sevgidir; yani şefkat, dikkat, ilgi, korunma, dostluk ve iletişim kurma isteğidir. Bunlar sağlandığı takdirde, bedenleri hayatları boyunca bu iyi anıları taşıyacaktır ve sonra yetişkinler olarak aynı sevgiyi kendi çocuklarına aktarabileceklerdir. Ancak durum böyle değilse, çocuklar hayatları boyunca ilk hayati ihtiyaçlarının tatmin edilmesine dair bir özlemle baş başa kalacaklardır. Hayatlarının geri kalanında bu özlem, başka insanlara yönelik olacaktır. Buna karşılık, çocuklar "yetiştirme" adı altında ne kadar acımasız bir şekilde sevgiden mahrum bırakılır, yadsınır ya da kötü muamele görürse, yetişkin oldukları zaman -en çok ihtiyaç duyduklarında o sevgiyi vermeyen- aynı anne babaya ya da onların yerindeki kişilere o kadar çok bel bağlayacaklardır. Bu bedenin normal bir tepkisidir. Beden tam olarak neye ihtiyaç duyduğunu bilir, mahrum kaldıklarını unutamaz, mahrumiyet ya da boşluk oradadır, doldurulmayı bekler.

Ne var ki yaşlandıkça anne babamızın bize vermediği sevgiyi verebilecek başka insanlar bulmak daha da zorlaşır. Ancak bedenin beklentileri yaşla azalmaz, tam tersi. Yalnızca başkalarına yönelik hale gelir, genellikle kendi çocuklarına ve torunlarına yönelik olur. Bu düzeneklerin farkına varır, baskı ve inkardan kurtulursak kendi çocukluğumuzun gerçekliğini görebiliriz. Böylece daha önce değilse de doğumdan itibaren tatmin edilmek üzere bekleyen ihtiyaçlardan kurtulabilen bir insan yaratabiliriz kendi içimizde. Sonra anne babamızın bize göstermediği ilgiyi, saygıyı, duygularımıza dair anlayışı, gerekli olan korumayı ve koşulsuz sevgiyi kendimize gösterebiliriz.

Bunu gerçekleştirmek için bir deneyime ihtiyacımız vardır: Bir zamanlar olduğumuz çocuğu sevme tecrübesi. Aksi halde sevginin ne olduğunu bilmemiz mümkün değildir. Bunu terapinin yardımıyla öğrenmek istiyorsak, bizi olduğumuz gibi kabul edebilecek, şu an olduğumuz insana nasıl dönüştüğümüzü kavrayabilmek için ihtiyaç duyduğumuz korunmayı, saygıyı, duygudaşlığı ve desteği bize sağlayabilecek birine ihtiyaç duyarız. Bir zamanlar mağdur edilen çocuk olarak kendimiz için ebeveyn rolünü benimsememizi sağlayan temel tecrübe budur. Bizim için planları olan bir eğitimci ya da çocukluk travmaları karşısında temel hususun tarafsız kalmak ve analiz edilen kişinin anlattıklarını hayal ürünü olarak yorumlamak olduğunu öğrenmiş bir psikanalizci bize bu konuda yardım edemez. Hayır, tam tersi gereklidir bize: Bize eşlik edecek *taraflı* biri, duygularımızı yavaş yavaş ona ve kendimize açtıkça, o küçük çocuğun yıllar boyunca sürekli tehlike tehdidi altında bir canı korumak için bedeni ve ruhu savaşırken bir başına yaşadıklarını ve çektiklerini öğrendikçe ortaya dökülecek dehşeti ve öfkeyi paylaşabileceğimiz biri. Böylesi bir yoldaşa –aydınlanmış bir tanık dediğim kişiye- ihtiyaç duyarız. İçimizdeki çocuk için yoldaş olarak hareket edecek, bedenin dilini anlayacak ve bir zamanlar anne babamızın yaptığı gibi yok saymak yerine o çocuğun ihtiyaçlarını dikkate alacaksak böyle biri gerekir.

Burada tasvir ettiğim, tamamıyla gerçekçi bir şeydir. Kişi, kendi gerçeğini böylesi iyi, taraflı ve *nesnel olmayan* birinin eşliğinde bulabilir. Bu süreçte kişi kendindeki belirtilerden arınabilir, kendini depresyondan kurtarabilir, yaşama sevincini tekrar kazanabilir, sürekli tükenmişlik halini kırabilir, kendi hakikatini bastırması için artık bir enerjiye ihtiyaç duymaması nedeniyle enerjisinin canlandığını tecrübe edebilir. Buradaki mesele, böylesi bir depresyonun yorucu niteliğinin, güçlü duyguları her bastırdığımızda, bedenimizde saklı anılarla oynadığımızda ve onlara istedikleri ilgiyi göstermeyi reddettiğimizde kendisini yeniden hissettirmesidir.

Böylesi olumlu gelişmeler neden istisnadır? Neden -uzmanlar da dahil olmak üzere- çoğu insan büyük ölçüde kendi bedenlerimizde saklı olan bilginin onlara kılavuzluk etmesine izin vermekten ziyade ilacın gücüne inanmayı tercih eder? Bedenlerimiz bilir tam olarak neye ihtiyaç duyduğumuzu, neyin inkar edildiğini, neyin bizimle ters düştüğünü, neye alerjimiz olduğunu. Ancak pek çok kişi, hakikati anlamaya götüren yolu tamamıyla kapatabilen ilaçlardan, uyuşturucudan ya da alkolden medet umar. Peki neden? Hakikati anlamak acı verici olduğu için mi? Bu, itiraz kabul etmez. Ancak bu acı geçicidir, iyi bir refakat ile bu acıya katlanılabilir. Buradaki sorun, bence bu yolculuğa çıkılacak böylesi profesyonel yoldaşların sayısının yeterli olmamasıdır. Yardım sağlayan işlerde çalışan neredeyse herkesi, ahlak sistemimiz -bizlerin de bir zamanlar olduğumuz gibi- çocukların tarafında yer almaktan ve erken yaştaki yaraların sonuçlarını görmekten alıkoyuyor. Hepsi Dördüncü Emir'in etkisinde, bu emir bize "daha uzun yaşayabilelim" diye anne ve babalarımıza hürmet etmemizi söylüyor.

Bu emrin erken dönemdeki yaraların iyileşmesini engellediği aşikar. Bu gerçek hakkında kafa yorulmaması da aynı derecede aşikar. Emrin kapsamı ve gücü ölçülemez boyuttadır, zira çocuğun anne babasına olan doğal bağlılığından beslenir. En büyük filozoflar ve yazarlar, bu emre saldırmaktan çekinmişlerdir. Hıristiyan ahlakına karşı kin dolu saldırılarıyla dikkat çeken Friedrich Nietzsche asla eleştirisini kendi ailesine yöneltecek kadar ileri gitmemiştir, çünkü bir çocuk olarak suistimal edilen her yetişkinin içinde, küçük bir çocuğun anne babasının davranışlarına karşı gelmeye cüret ettiğinde, onlar tarafından cezalandırılmaktan duyduğu korku yatar. Ancak bu korku, yalnızca bilinçdışında kaldığı sürece orada yatacaktır. Bu korku bilinçli olarak tecrübe edilir edilmez, zaman içinde çözülecektir.

Dördüncü Emir'in arkasındaki ahlak ile bir zamanlar olduğumuz çocukların beklentileri bir araya gelince, terapistlerin büyük çoğunluğu, kendi yetiştirilişleri sırasında karşılaştıkları ilkelerin aynılarını sunar. Pek çok terapist, halen kendi ebeveynine sayısız ip ile bağlıdır, buna sevgi denen içinden çıkılmaz bir gönül bağı derler ve bir çözüm olarak başkalarına bu tür bir sevgi gösterirler. İyileşmenin bir yolu olarak affetme hakkında vaaz verirler ve görünüşe göre bu yolun, kendilerinin düştüğü bir tuzak olduğunu bilmezler. Affetmenin asla şifa verici bir etkisi olmamıştır (Miller, 1990/2003).

Suistimal edilen çocukların ebeveynine bağlı oldukları yönündeki fizyolojik gerçeğin altını çizdiği için, neredeyse hiç kimsenin sorgulamadığı bir emre binlerce yıl bağlı kaldığımız açıktır. Hâlâ çoğu zaman anne babasının önüne koyduğu emirleri sorgulayamayan çocuklar gibi davranırız. Ne var ki her ne kadar bu soruları çocukken sorsak, anne babamızın ne kadar sarsılacağını bilsek de bilinçli yetişkinler olarak bu soruları sorma hakkımız vardır.

Halkına Tanrı adına On Emir'i dayatan Musa da anne babası tarafından dışlanmış bir çocuktur. Terk edilen çocukların çoğu gibi, onlara anlayış ve hürmet göstererek bir gün anne babasının sevgisini tekrar kazanabileceğini umut etmişti. Anne babasının onu zulümden kurtarmak için bıraktığı söylenir. Ancak hasır bir sepet içindeki bir bebek bunu pek anlayamazdı. Yetişkin Musa pekala şöyle diyebilirdi: Annemle babam beni korumak için suya bıraktılar. Bunu onlara karşı kullanamam, onlara minnet duymamı hak ediyorlar, hayatımı kurtardılar. Ancak çocuk olarak bambaşka bir şey hissetmiş olabilir: Neden annemle babam beni bıraktılar, neden beni boğulma tehlikesiyle karşı karşıya bıraktılar? Beni sevmiyorlar mı? Küçük çocuğun bedeninde saklı duran hakiki duygular -çaresizlik ve ölümcül korku- Musa'nın içinde yaşamaya devam etmiş ve On Emir'i halkına sunduğu zaman davranışlarını etkilemişti. Yüzeysel olarak bakıldığında, Dördüncü Emir, belki o zamanlarda gerekli olan, yaşlı insanlar için bir tür hayat sigortasıydı ancak bugün böyle olması gerekmiyor. Ne var ki, daha da yakından baktığımız zaman, Dördüncü Emir bir tehdit, bugün de etkili olan ahlaki bir şantajdı: Uzun yaşamak istiyorsanız, onlar bunu haketmese de, anne babanıza hürmet etmeniz gerekir; aksi halde erken ölürsünüz.

İnsanların çoğu, hem kafa karıştırıcı hem de korkutucu olmasına rağmen, bu emre uyar. Benim inancıma göre, çocukluktaki yaraları ve onların sonuçlarını ciddiye almamızın, kendimizi bu emirden kurtarmamızın zamanı geldi. Bu, ebeveynimizden intikam almamız gerektiği anlamına gelmiyor, onları oldukları gibi görmemiz ve biz küçükken bize nasıl davrandıklarını anlamamız gerektiği anlamına geliyor. Böylece böylesi davranış örüntülerinin tekrarından kendimizi ve çocuklarımızı uzak tutabiliriz. Kendimizi içimizdeki yıkıcı uğraşlarını sürdüren *içselleştirilmiş* ebeveynden kurtarmamız gerekiyor, ancak böyle kendi hayatlarımızı onaylayıp kendimize saygı duymayı öğrenebiliriz. Musa'dan öğrenebileceğimiz bir şey değildir bu, Musa Dördüncü Emir'i benimsediği zaman, kendi bedeninin verdiği mesajlara ihanet etmişti. Burada başka seçeneği yoktu çünkü mesajların farkında değildi. Bu yüzden bu emrin üzerimizde hakimiyet kurmasına izin vermemeliyiz.

Bütün kitaplarımda farklı biçimlerde ve farklı bağlamlarda çocukken maruz kaldığımız ve hayatımızın geri kalanında bizi güdük bırakan ve gerçekte kim olduğumuza, ne hissettiğimize ve neye ihtiyaç duyduğumuza dair hislerimizi tamamıyla öldürmese de ciddi ölçüde sakat bırakan "kara ya da zehirli pedagojinin" etkilerini ortaya koymaya çalıştım. Zehirli pedagoji, yalnızca -çocukken sürekli cezalandırılma korkusuyla yaşadıkları için- takmak zorunda oldukları maskeye güvenebilen aşırı derecede iyi uyum sağlamış bireyler yetiştirir. "Senin iyiliğin için seni böyle eğitiyorum" cümlesi bu yaklaşımın arkasındaki asıl ilkedir. "Seni döversem ya da sana acı çektirecek ya da seni küçük düşürecek sözler söylersem, bu tamamıyla senin iyiliğin içindir."

Nobel ödüllü Macar yazar Imre Kertész, *Kadersizlik* adlı meşhur romanında Auschwitz toplama kampına varışını tasvir eder. O sırada on beş yaşındadır ve oraya varınca karşılaştığı tuhaf ve dehşet verici şeyleri nasıl olumlu ve güzel şeyler olarak yorumlamaya çalıştığını bize ayrıntılı olarak anlatır; nitekim böyle yapmasa, ölüm korkusunda mahvolurdu.

Büyük olasılıkla suistimal edilen her çocuk, hayatta kalabilmek için böylesi bir tutum benimsemelidir. Bu çocuklar, başkalarının hemen suç olarak nitelendireceklerini, iyi şeyler olarak görerek algılarını yeniden yorumlarlar. Çocukların başka çareleri yoktur, yardım eden bir tanık yoksa ve zalimlere maruz kalıyorlarsa, gerçeklerden uzaklaşmak zorunda kalırlar. Sonrasında aydınlanmış tanıklara rastlayacak kadar şanslı olan yetişkinler olarak bir seçeneğe sahip olurlar. Sonra gerçeği, kendi gerçeklerini kabul edebilirler, zulmedenlere acımayı ve onları anlamayı bırakabilirler, onların sürdürülemez ve kopuk duygularını hissetmeye son verebilir ve onlara yapılanları bir kenara bırakabilirler. Bu adım, bedenlerine muazzam bir rahatlık sağlar. Bir çocuk olarak yaşadığı trajik tarihi yetişkin benliğine artık hatırlatmak zorunda değildir. Yetişkin benlik, kendisi hakkındaki bütün gerçeği bulmaya karar verir vermez, beden anlaşıldığını, saygı duyulduğunu ve korunduğunu hisseder.

Bu tür şiddete dayalı bir "yetiştirmeyi" suistimal olarak adlandırmanın sebebi yalnızca çocuklara insan olarak saygı ve hürmet duyma hakkının tanınması değil, aynı zamanda böylesi bir ebeveynlik yaklaşımının, çocukların –bırakın kendilerini bunlara karşı savunabilmelerini- maruz kaldıkları küçük düşürmeleri, utandırmaları, saygısızlığı algılamalarının dahi imkansız olduğu totaliter bir rejim yaratmasıdır. Bu çocukluk örüntüleri, kaçınılmaz bir biçimde kurbanları tarafından kendi ebeveyni ve çocukları üzerinde, işte, siyasette ve muazzam bir güvensizlik yaşayan çocuğun korkusunun ve endişesinin bir dış gücün yardımıyla sakınılabileceği her yerde uygulanacaktır. Diktatörler ve insanları hor görenler işte böyle doğarlar; bu insanlar çocuk olarak asla saygı görmemişlerdir ve daha sonra yarattıkları devasa bir kudretin yardımıyla bu saygıyı kazanmak için ellerinden geleni yaparlar.

Siyaset dünyası, güç ve sayılma açlığının nasıl da asla doyurulamadığının mükemmel bir örneğidir. Tatmin edilemez, asla tamamıyla doyurulamaz bu açlık. Bu insanlar ne kadar çok güce sahip olurlarsa, zorlama bir tekrar süreci içinde, kaçmaya çalıştıkları o en baştaki iktidarsızlık, acizlik duygularını yeniden canlandıracak eylemlere girişmek için o kadar cesaret bulurlar: Hitler bunu sığınağında, Stalin paranoid korkularında, Mao halkı tarafından sonunda reddedilişinde, Napolyon sürgünde, Miloşeviç hapiste, Saddam Hüseyin iktidardan küçük düşürücü bir biçimde düşüşünde bulur. Bu insanları, elde ettikleri gücü, nihayetinde onları acizliğe ve güçsüzlüğe gömecek kadar suistimal etmeye sevk eden neydi? Bence bu onların bedenlerindeydi; bedenleri, çocuklukta hissettikleri iktidarsızlık, acizlik bilgisini taşıyordu; bu bilgiyi hücrelerinde sakladılar, bu bilgiyle yüzleşmek için kendi sahiplerini zorlamak üzere yola çıktılar. Ancak çocukluklarına dair bu gerçek, bu diktatörlerin kalplerine öylesine bir korku aşılamıştı ki hakikatle -kendi hakikatleriyle- yüzleşmektense, insanların hepsini silmeyi, milyonlarca insanı yok etmeyi tercih etmişlerdi.

Böylesi diktatörlerin yaşam öykülerini incelemeyi çok aydınlatıcı bulsam da onların güdülerini bu kitapta ayrıntılı olarak ele almayacağım. Onun yerine, zehirli pedagojiye maruz kalmalarına rağmen sınırsız bir güç elde etme ya da diktatör haline gelme ihtiyacı duymayan insanlara odaklanacağım. Güç delisi bireylerin tersine, bu insanlar bastırdıkları öfke ve gazap duygularını başkalarına değil de kendilerine yöneltmişlerdi. Hastalanmışlar ve çeşitli belirtiler göstermişlerdi, çoğu da genç yaşta hayatlarını kaybetmişti. Bu insanların daha yetenekli olanları ise yazar ya da sanatçı olmuşlardı. Hakikati, ürettikleri edebiyat ve sanat yapıtlarında ortaya koyabilmelerine rağmen hepsi bunu kendi hayatlarından ayrı tutmuşlardı. Bu ayrılığın bedelini ise hastalıklarla ödemişlerdi. Kitabın ilk kısmında böylesi trajik yaşam öykülerine yer verdim.

San Diego'daki bir araştırma takımı, ortalama yaşları elli yedi olan 17 bin kişiye çocukluklarının nasıl geçtiğini ve hayatları boyunca hangi hastalıkları yaşadıklarını sormuştu. Araştırma, çocukluklarında suistimale uğrayanların, uğramayanlara ve dayak yemeyenlere göre kat kat daha fazla ağır hastalık yaşadıklarını ortaya çıkarmıştı. Suistimale uğramayanlar, hayatlarının geri kalanında söz etmeye değecek bir hastalık yaşamamışlardı. Bu kısa makalenin başlığı *Altını Kurşuna Çevirmek*'ti ve bana makalesini gönderen yazar, bu bulguların açık, anlamlı ancak aynı zamanda üstü kapalı ve gizli olduğunu yazmıştı.

Peki neden gizlidir? Bunun sebebi, ebeveyne yönelik ithamların dengelenmeden yayımlanamamalarıdır. Toplumumuzda bu halen -üstelik giderek artan bir biçimde- yasaktır. Bu arada sayıları gittikçe artan uzmanlar, yetişkinlerin ruhsal sıkıntılarının arkasında -çocukluktaki somut yaralanmalardan ve ebeveyne dair mahrumiyetlerden ziyade- genetik mirasın aranabileceği fikrindedir. 1970'li yıllarda tıp dergilerinde yayımlanan şizofrenlerin çocuklukları hakkındaki aydınlatıcı araştırmalar, hiçbir zaman daha geniş bir topluluğun bilgisine sunulmamıştır. Genetiğe dair tutucu inanç, galip gelmeyi sürdürüyor.

Büyük Britanya'da çok meşhur olan klinik psikolog Oliver James'in *They F*** You Up* (Seni Perişan Ettiler [2003]) adlı kitabının konusu bu. Yazar görüşlerinin sonuçlarından tereddüt ettiği ve açıkça anne babaları çocuklarının acıları konusunda sorumluluk üstlenmeleri konusunda uyardığı için kitabın bıraktığı etki, çelişkili olsa da, bu inceleme, genetik etmenlerin aslında psikolojik bozukluklarda çok ufak bir rol oynadığını şüphesiz olarak ispat eden sayısız araştırma sonucuna dayanıyor.

Benzer şekilde, günümüzdeki pek çok terapi, çocukluk konusundan kaçınma konusunda dikkatlidir (Miller, 2001). Danışanlar önce sahip oldukları güçlü duyguları kabul etmeye teşvik edilirler. Ancak duygular bu yolla uyandırılınca, normal olarak bu duygulara çocukluktaki bastırılan anılar, hayatın ilk birkaç yılına ait suistimal edilmeye, sömürülmeye, aşağılanmaya ve incinmeye dair anılar eşlik eder. Bu tür terapistler hâlâ nadir bulunur. O yüzden çoğu hastalarına zehirli pedagojiyi -yani aslında onları hasta eden aynı ahlakı- tekrar ısıtıp sunar.

Beden bu tür bir ahlakı anlayamaz; Dördüncü Emir ile işi olmayacaktır ve zihnimiz gibi kelimeler ile kandırılamaz. Beden, hakikatimizin gardiyanıdır çünkü bir hayat tecrübesini taşır ve organizmamızın hakikati ile birlikte yaşayabilmemizi sağlar. Fiziksel belirtilerin yardımıyla, bizi bu hakikati bilişsel olarak ele almaya zorlar ki içimizdeki çocukla, içimizde yaşamaya devam eden çocukla, bir zamanlar hiçe sayılmış, suistimal edilmiş, aşağılanmış çocukla ahenkle iletişim kurabilelim.

Ben de hayatımın ilk birkaç ayında itaati öğrendim. Elbette bu gerçeği bilmeden onlarca yıl yaşadım. Annem bana iyi bir çocuk olduğumu, benimle asla bir sorun yaşamadığını söyledi. Böyle olmamı da çaresiz olduğum bebekliğimin en başından beri uyguladığı tutarlı yetiştirme yöntemlerine bağladı. Bu durum, uzun bir süre o döneme dair kesinlikle hiçbir anımın olmamasının sebebini de açıklıyor. Yalnızca gördüğüm son terapinin ortaya çıkardığı güçlü duyguların bir sonucu olarak bu anılar belirmeye başladı. Bu duygular en başta anne babamın dışındaki kişilerle bağlantılı olarak kendilerini ifade etseler de yavaş yavaş bunların gerçek köklerini bulabildim. Anlaşılabilir duygular olarak onları birleştirdim ve böylece erken çocukluk dönemimin tarihini yeniden kurabildim. Bu yolu izleyerek eski çocukluğumdan ve o zamanki anlaşılmaz korkularımdan kurtuldum ve terapistimin taraflı eşliği sayesinde sonunda eski yaraların üzerinde yeni doku gelişmesine izin verebildim.

Bu korkular, ilk olarak benim iletişim kurma ihtiyacımla bağlantılıdır; bu ihtiyaç, annemin yalnızca karşılık vermemekle kalmayıp aynı zamanda katı yetiştirme yöntemleri ile tutarlı bir biçimde, sanki ayıplanmayı, suçlanmayı gerektirecek bir şeymişçesine etkin bir şekilde cezalandırdığı bir ihtiyaçtı. Temas kurma ve alışveriş macerası kendisini önce ağlama, sonra soru sorma arzusu ve sonunda kendi düşüncelerimi ve duygularımı iletme şeklinde ifade etti. Ancak ağlamam tokatla cezalandırılmış, sorularım yalanlarla yanıtlanmış, düşüncelerimi ve duygularımı ifade etmem ise basitçe yasaklanmıştı. Annemin kimi zaman günlerce süren sessizliğe gömülüşü, sürekli olası bir tehditti. Gerçekte olduğum gibi olmamı asla istemediği için, gerçek duygularımı ondan düpedüz saklamam gerekiyordu.

Annem şiddetli öfke nöbetleri geçirmeye meyilliydi, ancak kesinlikle derinlemesine düşünemezdi ve hiçbir zaman duygularının sebeplerini araştırmaya çalışmamıştı. Çocukluğundan beri, hüsranla ve memnuniyetsizlikle mahvolmuş bir hayat yaşadığından, sürekli beni bir şeyle suçlardı. Adil olmayan bu muameleye karşı ne zaman kendimi savunsam, kimi zaman masumiyetimi ona ispat edecek kadar ileri gitsem, o bunu kendi kişiliğine karşı sistematik bir saldırı olarak yorumlar ve sıklıkla da gaddarca misilleme yapardı. Duygular ile gerçekleri birbirine karıştırırdı. Açıklamalarımla ona saldırdığımı *hissettikçe,* ona gerçekten saldırdığıma inanırdı. Duygularının gerçek sebeplerinin benim davranışlarımla hiçbir alakası olmadığını fark etmesi için derinlemesine düşünme yetisinin olması şarttı. Ancak hiçbir zaman bir şeye üzüldüğünü görmedim, o hep "haklı" olduğunu hissetti. Bu da çocukluğumu totaliter bir rejime çevirmişti.

Bu kitapta Dördüncü Emir'in yıkıcı gücü hakkındaki kuramımı açıklıyorum: *Birinci bölüm*, çocuklukları hakkındaki gerçeği farkında olmadan yapıtlarında açığa vurmalarına rağmen, o çocuksu korku bağlarından kopuk bir biçimde içlerinde yaşamayı sürdürdükleri için, bilinçli olarak bu gerçeği asla kabul edememiş farklı yazarların hayatlarını içeriyor. Yetişkinlikte bile insanın içindeki çocuk, gerçeği söylediği takdirde öldürülmeyeceğine inanamaz. Bu korku, ebeveynimize karşı hoşgörülü ve affedici olmamızı salık veren bir emir sayesinde yalnızca toplumumuzda değil, bütün dünyada pekiştirildiği için kopuktur ve dolayısıyla onunla hesaplaşma girişimlerine kapalıdır. Hikayelerini inceleyeceğim yazarlarda göreceğimiz üzere, bu sözde çözüm için anne babalarımızı idealize etmekle sonuçlanan bir kaçış, hayatımızın erken döneminde maruz kaldığımız gerçek tehlikelerin inkarı ve bu tehlikelerin bedenlerimizde bıraktığı haklı korkular için ödediğimiz bedel, çok ağırdır. Maalesef sayısız başka örnek verilebilir. Bu örneklerin verdiği açık mesaj şudur: Söz konusu kişiler, anne ve babalarına duydukları bağlılığın bedelini ağır hastalıklar, erken ölüm ya da intihar ile ödediler. Erken çocukluk döneminde yaşadıkları acılara dair gerçeği gizleme çabası, bedenlerinde saklı bilgiyle çelişiyordu. Yazmak, bu bilgiyi ifade etmelerini sağladı ancak bunun bilinçli olarak farkına varmalarını sağlamadı. Ayrıca bedenleri -içlerindeki hiçe sayılmış ve aşağılanmış çocuklar- anlaşıldıklarını ve saygı gördüklerini hissetmedi. Bedenler ahlaki emirlerle bağlantı kuramadılar. Bedenin nefes alma, dolaşım, sindirim gibi işlevleri ahlak kurallarına değil, yalnızca gerçekten hissettiğimiz duygulara tepki gösterir. Beden, gerçeklere göre yaşar.

Çocukluğun hayatımızın geri kalanı üzerindeki etkisini düşünmeye başladığımdan beri, özellikle ilgilendiğim yazarların günlüklerini ve mektuplarını okumaya çok zaman ayırdım. Bu günlüklerde ve mektuplarda yazarların yapıtlarını, başlıca endişelerini ve çektikleri acıları daha iyi anlamamı sağlayan anahtarlar buldum. Bu acıların izleri çocukluk tecrübelerinde sürülebilse de trajik nitelikleri yazarların bilinçleri ve duygusal hayatları açısından algılanamadı. Dostoyevski, Nietzsche ve Rimbaud gibi yazarların trajedileri yapıtlarında açıkça görülse de çeşitli yaşam öykülerinde bu trajedilerden söz edilmez. Bu kitaplar yazarların hayatları hakkında pek çok ayrıntı ve bilgi içerir, ancak çocukluk travmalarıyla nasıl hesaplaşmaya çalıştıkları, bu travmaların onlar üzerindeki etkisi ve hayatlarının gidişatını nasıl etkilediği hakkında pek bir işaret içermez. Bu konu hakkında aydınlanmak için edebiyat akademisyenlerine başvurunca onların bununla ya hiç ilgilenmediklerini ya da çok az ilgilendiklerini gördüm. Pek çoğu sorularım karşısında utandı, sanki onlara yakışıksız ya da müstehcen bir şey sormuştum. Sorularımı yanıtlamaktan kaçındılar.

Ancak istisnalar vardı. Bu akademisyenlerin birkaçı yaklaşımıma ilgi gösterdi ve uzun süredir bildikleri ancak pek önemsemedikleri değerli biyografik malzemeyi sağladılar. Bu kitabın ilk bölümünde üzerinde durduğum işte bu; yaşam öyküsü yazarlarının önemsemediği ya da yok saydığı bilgilerdir. Kaçınılmaz olarak bu yazarların hayatlarının tek bir özelliği üzerinde durmam ve belki de eşit öneme sahip diğer yüzlerini kenarda bırakmam gerekti. Bu durum, tek taraflı ya da indirgemeci olma eleştirisine sebep olabilse de, bu yolu izlemeyi tercih ettim çünkü okurun ilgisini kitap boyunca devam eden hattan -yani ahlâk ve beden üzerindeki odaktan- uzaklaştıracak fazla ayrıntı vermek istemedim.

Burada sözü edilen -muhtemelen Kafka dışında- bütün yazarlar, çocukken anne ve babalarının elinden çektiklerinin farkında değillerdi. Hayatlarının geri kalanında onlara kin beslemediler, en azından bilinçli olarak yapmadılar bunu. Anne babalarıyla yüzleşebileceklerini düşünmek hiç gerçekçi olmazdı, çünkü yetişkin çocuklar olarak bu gerçeğin farkında değillerdi. Bilinçli zihinleri bu gerçeği bastırmıştı.

Farkında olmamaları çoğu durumda hayatlarını kısaltan bir trajediydi. *Ahlak;* gerçeği, bu üstün yetenekli insanların bedenlerinde gizli *hakikati görmelerini engellemişti.* Hayatlarını anne ve babaları için feda ettiklerini göremiyorlardı, Schiller gibi özgürlük davası için savaşsalar; Rimbaud ve Mişima gibi görünüşe göre bütün ahlaki tabuları kırsalar; Joyce gibi o günün edebi ve estetik kanonlarını tersyüz etseler; Proust gibi (bir yandan burjuva anne ve babasının elinden çektiği acılara bakmaktan kaçınıp) burjuvaziye acımasızca bir bakış getirseler de bu gerçeği görememişlerdi. Bu konular üzerinde durdum çünkü bildiğim kadarıyla bu yazarları burada benimsediğim bakış açısıyla ele alan yayınlar yoktu.

Bu kitapta, daha önceki kitaplarımda yer alan bazı düşünceleri alıp bu yeni bakış açısıyla onlara ışık tutuyor ve şimdiye kadar yanıtlanmamış çeşitli soruları ele alıyorum.

Wilhelm Reich ve Arthur Janov'dan bu yana, terapi tecrübesi güçlü duyguların gerçekten de geri çağrılabileceğini tekrar tekrar ortaya koymuştur. Ancak şimdi Joseph LeDoux, Antonio R. Damasio, Bruce D. Perry ve sayısız başka beyin araştırmacısının çalışmalarının bir sonucu olarak bu olgu hakkında kanıtlanmış pek çok açıklama var. Bir yandan, bugün bedenlerimizin, yaşadığımız her şeyin tam ve hatasız bir kaydını tuttuğunu biliyoruz. Öte yandan, terapi sayesinde duygularımızla uğraşabildiğimiz için, bu duyguları körü körüne çocuklarımıza aktarmaya ya da kendi canımız pahasına onları bastırmaya mahkum olmadığımızı da biliyoruz. Bu doğrultuda *ikinci bölümde* çocuklukları hakkındaki gerçekle gözükara bir biçimde yüzleşmeye ve anne babalarını bu gerçekçi ışık altında görmeye hazır olan bireyleri anlatıyorum. Ne yazık ki terapi geleneksel ahlakın emirlerine tabi ise (ki genellikle böyle olur) ve böylece yetişkin danışanların, anne babalarına sevgi ve minnet borcu oldukları kanısından kendilerini kurtarmaları imkansız ise, terapinin başarısının ciddi şekilde tehlikeye atılabildiği sık sık görülür. Bedende saklı gerçek duygular, yaşanmadan kalır ve danışanların bunun için ödemek zorunda oldukları bedel, onları etkileyen ağır belirtilerin aralıksız sürmesidir. Başarısız terapilerden geçen okurların, bu sorundaki vehameti gördüklerine inanıyorum.

Ahlak ile beden arasındaki bağlantıları incelerken, affetme meselesinin tersine benim için yeni olan iki hususla karşılaştım. Kendime sorduğum bir soru, yetişkinler olarak ebeveynimize duyduğumuz ve sevgi demekte ısrar ettiğimiz duygunun hakiki doğasıyla ilgiliydi. Beni çarpan bir başka husus da, bedenin çocukken çok muhtaç olduğu ancak asla verilmeyen bir besine hayatlarımız boyunca aç kaldığımızı fark etmemdi. Bunun pek çok kişi için bir ızdırap ve sıkıntı kaynağı olduğuna inanıyorum.

Üçüncü bölüm, bedenin yanlış besine karşı kendisini nasıl savunduğunu gösteren bir "ifade" bozukluğunu ele alır. Beden her şeyden önce gerçeğe ihtiyaç duyar. Bu gerçek tanımlanamadan kalır ve kişi kendi anne babası için hissettiği samimi duyguları yok saymayı sürdürürse, bedenin başka bir çaresi kalmaz ve belirtiler üretmeye devam eder. Kitabın bu bölümündeki amacım, başkalarıyla herhangi bir samimi duygusal ilişki kurmadan büyüyen ve sonrasında terapi sırasında böylesi bir ilişkiden yoksun kalan, yeme bozuklukları olan hastaların trajedisini ortaya koymak üzere basit, günlük bir dil kullanmaktı. Bu anlatının yeme bozuklukları olan bazı hastaların, durumlarını daha iyi anlamalarını sağlamasını samimiyetle diliyorum. Ayrıca "Anita Fink'in Hayali Günlüğü" yalnızca anoreksiklerle sınırlı olmayan bir çaresizlik durumuna parmak basıyor: Bu konuda verimsiz olan bütün çabalara rağmen çocuklukta ebeveynle samimi ilişki kuramama. Ancak yetişkinlikte başka insanlarla gerçek ilişkiler kurabilme umudu olduğu zaman, bu beyhude çabadan yavaş yavaş vazgeçilebilir.

Çocukları kurban etme geleneğinin kökleri pek çok kültüre ve dine uzanır; bu yüzden Batı uygarlığında da hoşgörülür ve övülür. Doğal olarak artık oğullarımızı ve kızlarımızı kutsal kitapta yer alan İbrahim'in ve İshak'ın hikayelerindeki gibi sunaklarda kurban etmiyoruz. Ancak doğdukları zaman ve sonrasında büyürken onlara bizleri sevmelerinin, saymalarının ve bizlere hürmet etmelerinin, bizler için ellerinden gelenin en iyisini yapmalarının, hırslarımızı tatmin etmelerinin, kısacası ebeveynimizin bizi yoksun bıraktığı her şeyi vermelerinin gerekli olduğunu aşılıyoruz. Buna terbiye ve ahlak diyoruz. Çocukların bu konuda nadiren seçim şansı olur. Çocuklar, hayatları boyunca anne-babalarına -onlara hiç verilmediği için ne sahip oldukları ne de bildikleri- bir şeyi vermek için kendilerini zorlayacaklardır: Yalnızca alıcının ihtiyaçlarını tatmine hizmet etmeyen samimi ve koşulsuz sevgi. Ne var ki bu yönde çabalamaya devam edeceklerdir, çünkü yetişkinler olarak ebeveynine ihtiyaç duyduklarına inanırlar ve yaşadıkları bütün hayal kırıklıklarına rağmen hâlâ o ebeveynde samimi bir şefkat alameti görmeyi umarlar.

Kendilerini bu arzudan kurtaramazlarsa, böylesi nafile bir çabanın yetişkin çocuklar üzerinde vahim etkileri olabilir. Bunun sonucu hezeyan, zorlama, sahtelik ve kendini kandırmadır.

Pek çok ebeveynin çocukları tarafından sevilmeleri ve hürmet görmeleri için duydukları güçlü arzuyu, Dördüncü Emir büyük ölçüde meşrulaştırır. Seyrettiğim bir televizyon programında çeşitli dinlerin temsilcileri, bizlere ne yapmış olurlarsa olsunlar, anne-babalarımıza hürmet etmemiz gerektiğini ileri sürüyorlardı. Bu yolla çocukların ebeveynine olan bağımlılıkları pekiştirilir ve bu ilkeye inananlar, yetişkinler olarak kendilerini bu döngüden tamamıyla kurtarmalarının mümkün olduğu gerçeğinden bihaber olmayı sürdürürler. Günümüzde bilinenlerin ışığında Dördüncü Emir'in aslında bir çelişki olduğunu görürüz. Bir ahlak sistemi bizlere ne yapmak ve ne yapmamak gerektiğini söyler ancak bizlere ne hissetmemiz gerektiğini söyleyemez. Samimi, gerçek duygular üretilemez, yok edilemez de. Bu duyguları yalnızca bastırabilir, kendimizi avutabilir ve bedenlerimizi kandırabiliriz. Ancak daha önce söylediğim gibi, beyinlerimiz duyguların saklandığı mahzenlerdir; bu duygular geri çağrılabilir, yaşananlardan kolayca etkilenebilir ve neyse ki herhangi bir risk olmadan bilinçli duygulara dönüştürülebilir. Aydınlanmış bir şahit bulacak kadar şanslıysak da, bu duyguların anlamlarının ve sebeplerinin farkına varabiliriz.

Tanrı'yı, isyankarlığım ve hüsranım için beni cezalandırmasın da her şeyi affeden bir sevgi ile beni ödüllendirsin diye sevmek zorunda olma yönündeki tuhaf inanç, çocuksu bağımlılığımızın ve güvensizliğimizin bir ifadesi ve tıpkı anne-babalarımız gibi, Tanrı'nın da bizim sevgimize ümitsizce muhtaç olduğu varsayımı haline gelir. Ancak bu tamamıyla tuhaf bir düşünce değil midir? Ahlakın dikte ettiği gerçek olmayan duygulara muhtaç daha üstün bir varlık, hüsrana uğramış ve yönünü şaşırmış ebeveynimizin sergilediği güvensizliği fazlasıyla andırır. Böylesi bir varlığa, ancak kendi ebeveynini hiç sorgulamamış ve onlara olan bağımlılığı hakkında hiç düşünmemiş insanlar Tanrı diyebilir.

1. Söylemek ve Gizlemek

Seni mutsuz etmek ve bu atakları
yaşamamak yerine atakları geçirmeyi
ve seni mutlu etmeyi tercih ederim.

-Marcel Proust'un annesine
yazdığı bir mektuptan

1.1. Ebeveyn Dehşeti ve Trajik Etkileri (Dostoyevski, Çehov, Kafka, Nietzsche)

Gençliğimde benim için çok büyük bir anlam taşıyan Rus yazarlar Dostoyevski ile Çehov'un yapıtlarını sonradan incelediğimde dissosiyatif mekanizmanın yüzyıl önce de nasıl kusursuz işlediğini gördüm. Nihayet anne babam hakkında kapıldığım yanılsamalardan vazgeçmeyi başardığım ve yaptıklarının bir bütün olarak hayatımın üzerindeki etkilerinin farkına vardığım zaman, daha önce herhangi bir önem atfetmediğim gerçekler konusunda da gözlerim açıldı. Örneğin, Dostoyevski'nin yaşam öyküsünden, Dostoyevski'nin önceleri bir doktor olan babasına daha sonra miras yoluyla yüzden fazla serfle birlikte bir mülk kaldığını öğrenmiştim. Babası bu insanlara o kadar acımasızca davranıyormuş ki sonunda onu öldürme cesaretini göstermişler. Buradan çıkardığım sonuç, gaddarlığının normalin üstüne çıkmış olması gerektiğiydi, zira bu sindirilmiş çiftçilerin, dehşet saltanatında daha fazla acı çekmektense, suçları karşılığında sürülme tehlikesini tercih etmelerinin başka ne açıklaması olabilirdi ki? En büyük oğlunun da benzer bir zulme maruz kalmış olması bir hayli mümkündü, bu yüzden dünyaca ünlü pek çok romanın yazarının kendi kişisel tarihiyle uzlaşmayı nasıl başardığını araştırmak istedim. Elbette *Karamazov Kardeşler*'deki gaddar baba tasvirine aşinaydım, ancak gerçek babasıyla olan ilişkisinin nasıl olduğunu öğrenmek istedim. Önce mektuplarında ilgili bölümleri aradım. Bütün mektupları okudum ancak babasına yazılmış tek bir mektup dahi bulamadım. Babasından sadece ve sadece bir yerde söz ediliyordu, o da belli ki oğlunun ona duyduğu kusursuz saygıyı ve koşulsuz sevgiyi teyit etmek üzere yazılmıştı. Öte yandan, başkalarına yazdığı neredeyse bütün mektuplarda mali durumundan şikayet ediyor ve yardım istiyordu. Kanımca, bütün bu mektuplar, bir çocuğun varlığına yönelik daimi bir tehditten duyduğu korkuyu ve mektup yazılan kişinin bu ızdırabı anlayacağına ve kendisine iyi davranacağına dair çaresizce duyulan umudu açıkça ifade ediyordu.

Dostoyevski'nin sağlığının çok kötü olduğu bilinir. Kronik uykusuzluk çekiyor ve korkunç kabuslar görüyordu; bu kabuslarda, muhtemelen kendisi gerçeğin farkına varmadan çocukluk travmaları ifade buluyordu. Dostoyevski'nin yıllarca epilepsi nöbetlerinden muzdarip olduğunu da biliyoruz. Ancak onun yaşam öyküsünü yazanlar, bu nöbetler ile travmatik çocukluğu arasında pek bir ilişki kurmazlar. Rulete duyduğu bağımlılıkta açıkça görülen, şefkatli bir yazgıya duyulan özlemi de aynı şekilde görmezler. Karısı bu bağımlılığını yenmesine yardımcı olsa da aydınlanmış bir şahit görevi görememişti, zira o sıralar birinin babasını suçlamak şimdi olduğundan çok daha fazla ayıplanması gereken bir durumdu.

Anton Çehov'un hayatında da benzer bir mücadele tespit ettim, *Baba* adlı öyküsünde bence eski bir serf ve alkolik olan kendi babasını kusursuz bir biçimde anlatır. Öyküdeki adam, oğullarının yardımıyla geçinen ve onların başarılarından duyduğu şerefin tadını çıkararak kendi faydasızlığını bastırmaya çalışan müzmin bir ayyaştır. Oğullarının gerçekten kim olduklarını görmek için hiçbir çaba ve asla herhangi bir şefkat ya da haysiyet belirtisi göstermez. Bu öykü bir edebiyat yapıtı olarak sınıflandırılır ve belki de biyografik önemi Anton'un bilinçli hayatından tamamıyla ayrı tutulmuştur. Yazar, babasının kendisine gerçekte nasıl davrandığını görebilse ve hissedebilseydi, şüphesiz derin bir utanca boğulur ya da haklı bir öfkeye kapılırdı, ancak o sırada böylesi bir tepki düşünülemezdi. Babasına karşı gelmek yerine, Çehov, kazancının çok az olduğu meslek hayatının erken dönemlerinde dahi, bütün aileye destek olmuştu. Anne babasının Moskova'da yaşadığı dairenin masraflarını o karşılıyordu, büyük bir özveriyle onlara ve erkek kardeşlerine bakıyordu. Ancak yazışmalarında babasından çok az söz edildiğini gördüm. Böylesi bölümler de onun oğul olarak benimsediği tamamıyla yüce gönüllü ve anlayışlı tutumu ortaya koyuyor. Gençliğinde babasından neredeyse her gün yediği acımasız tokatlar için duyduğu kızgınlığa dair herhangi bir iz yok. Otuzlu yaşlarının başında Çehov, bir sürgün yeri olan Sakalin Adası'nda birkaç ay geçirmişti; söylediğine göre, amacı hüküm giyip eziyet ve işkence görenlerin hayatlarını anlatmaktı. Aslında kendisinin de onlardan biri olduğu gerçeğinin muhtemelen farkında değildi. Yaşam öyküsünü yazanlar, kırk dört yaşında erkenden ölümünü Sakalin Adası'ndaki ürkütücü koşullara bağlıyorlar. Ancak çok daha erken bir yaşta hastalıktan ölen ağabeyi Nikolay gibi, Çehov'un da neredeyse hayatı boyunca tüberkülozdan muzdarip olduğunu unutmamalıyız.

Fark Etmeyeceksin (Du sollst nicht merken) adlı kitabımda Franz Kafka'nın hayatına göndermede bulunarak şunu söylemiştim: Yazmak onun hayatta kalmasına yardımcı olsa da, ne içinde hapsolan çocuğu kurtarmak ne de o çocuğun yoksun kaldığı canlılığı, hassasiyeti ve güveni ona geri vermek için yeterli olmuştu, zira bu özgürleşme süreci için aydınlanmış bir şahit şarttır.

Franz Kafka'nın çektiği acılara şahit olanlar vardı, büyük aşkı Milena ve her şeyden önce kız kardeşi Ottla vardı. Çoğu şey için onlara güvenebiliyordu, ancak erken dönemdeki kaygıları ve anne babasının elinden çektikleri konusunda bunu yapamadı. Bunlar tabu olarak kaldı. Sonunda o meşhur *"Babaya Mektup"* adlı yapıtını yazacak kadar ileri gitti, ancak bunu babasına değil, annesine gönderdi ve ondan mektubu babasına iletmesini rica etti. Aydınlanmış şahidi annesinde aramış, mektubu okuyunca nihayet onun çektiklerini anlayacağını ve babasıyla arasında bir arabulucu olmayı teklif edeceğini ummuştu. Ancak annesi mektubu tuttu ve orada yazanlar hakkında oğluyla konuşmak için asla bir girişimde bulunmadı. Aydınlanmış bir şahidin desteği olmadan, Kafka babasıyla kendi başına yüzleşemedi. Cezalandırılma tehdidi fazlasıyla korkutucuydu. Böylesi bir tehditten duyduğu korkuların gerçekte ne kadar ileri gittiğini anlamak için yalnızca *Yargı* ya da *Dönüşüm* adlı yapıtlarını hatırlamamız yeterli olur. Ne yazık ki Kafka'nın onu bu korkuları yenmeye teşvik edebilecek ve mektubu gönderecek kimsesi yoktu. Olsaydı, belki hayatını kurtarabilirdi. Bu adımı tek başına atamadı, tüberküloza yakalandı ve kırklı yaşlarının başında hayatını kaybetti.

*El Değmemiş Anahtar'*da (Der gemiedene Schlüssel) ve *Sessizlik Duvarının Yıkılışı'*nda (Abbruch der Schweigemauer) trajedisini anlattığım Nietzsche'nin hayatında da benzerlikler gördüm. Nietzsche'nin müthiş yapıtlarını yalanlardan, sömürüden, riyakarlıktan ve kendi aşırı uyumundan kurtulmak için uzun süreli bir çığlık olarak yorumluyorum; hiç kimse -Nietzsche bile- küçük bir çocuk olarak bütün bunları nasıl çektiğini göremezdi. Ancak bedeni bu yükün altında durmadan uğraşıp didindi. Gençken pekala şiddetli baş ağrıları gibi, güçlü duygularının bastırılmasına atfedilebilecek bir durum olan romatizmadan şikayetçiydi. Sayısız başka şikayetleri daha vardı, okulda geçirdiği bir yıl boyunca yüz kadar şikayeti olmuştu. Sıkıntısının asıl kaynağının, günlük hayatını yöneten sahte bir ahlak olduğunu hiç kimse fark edemezdi, etrafındakilerin hepsi onunla aynı havayı teneffüs ediyordu. Ancak onun bedeni, riyakarlığı başkalarından çok daha sert bir şekilde emiyordu. Biri Nietzsche'ye bedeninde saklı olan bilgiyi kabul etmesi için yardım etseydi, hayatının geri kalanında kendi hakikatine kör kalmak için "aklını yitirmesi" gerekmeyecekti.

1.2. Dramalardaki Özgürlük Mücadelesi ve Bedenin Duymazdan Gelinen Çığlığı (Friedrich von Schiller)

Bugün bile ara sıra tokat atılan çocuklara kalıcı bir zarar verilmediği yönündeki görüşü sık sık duyarız. Pek çok kişi kendi hayatlarının bu görüşün en iyi kanıtı olduğuna inanırlar. Ancak yalnızca yetişkinliklerinde geçirdikleri hastalıklar ile çocuklukta yedikleri tokatlar arasındaki bağlantılar gizli kaldığı sürece buna inanmayı sürdürebilirler. Friedrich von Schiller örneği, böylesi bir gizliliğin ne kadar şiddetli bir etkisinin olduğunu vurgular; yüzyıllar boyunca bunun etkileri eleştirilmeden kabul edilmiş ve bir nesilden ötekine aktarılmıştır.

Friedrich von Schiller, hayatının en önemli ilk üç yılını yalnızca sevgili annesiyle birlikte geçirmiştir ve onun ilgisi sayesinde kişiliğini ve muazzam yeteneklerini geliştirebilmiştir. Ancak henüz dört yaşındayken despot babası savaştan dönmüştür. Schiller'in yaşam öyküsünü yazan Friedrich Burschell, yazarın babasını "sınırlı bir bencillikle birlikte" katı, sabırsız, asabi bir adam olarak tasvir eder. Çocuk yetiştirme anlayışı, hayat dolu küçük oğlunun gösterdiği bütün kendiliğindenlik ve yaratıcılık belirtilerini bastırmak üzerine kuruluydu. Buna rağmen Schiller, büyük ölçüde zekası ve hayatının ilk üç yılında annesinin sağladığı duygusal güven ortamında geliştirebildiği özgüven sayesinde okulda başarılıydı. Ancak on üç yaşında, babası tarafından bir askeri okula gönderildi ve orada kendisine dayatılan acımasız eğitimden anlatılamayacak derecede muzdarip oldu. Gencecik Nietzsche gibi her türlü hastalığın hücumuna uğradı ve dikkatini toplayamadı, revirde haftalar boyu kaldı ve sonunda kendisini en zayıf öğrencilerin arasında buldu. Okuldaki başarısızlığı hastalıklarına bağlandı, asıl sebebin hayatının sekiz yılını geçirdiği ve onun bedensel ve zihinsel gücünü tamamıyla tüketen yatılı okulda dayatılan insanlıkdışı ve absürd disiplin olduğunu hiç kimse fark etmedi. Hastalığın dili, yüzyıllarca sonra da herkes tarafından görmezden gelinen ve yanlış anlaşılan kendi bedeninin dilsiz dili dışında sıkıntısını ifade etmenin yolunu bulamadı. Friedrich Burschell, okulu şöyle tarif ediyor:

> "Burada en hassas yıllarında, genç ve özgürlük düşkünü oğlan, bir esir gibi hissediyordu kendini, zira okulun kapıları yalnızca askeri muhafızların gözetimindeki zorunlu bir yürüyüş için açılıyordu. Bu sekiz yıl boyunca Schiller'in nadiren kendisine ayırdığı bir günü ve ara sıra istediğini yapabildiği birkaç saati olabiliyordu. Okul tatili o zamanlar bilinmiyordu, izin diye bir şey yoktu. Bütün gün askeri düzen vardı. Öğrenciler, devasa yatakhanelerde uyuyor ve yazın sabah saat beşte ve kışın sabah altıda uyandırılıyorlardı. Alt kademedeki subaylar, yatakların yapılmasını ve kişisel temizliği denetliyorlardı. Sonra öğrenciler, sabah yoklaması için eğitim alanına yürüyorlardı ve oradan da ekmek ve lapadan oluşan kahvaltı için yemekhaneye geçiyorlardı. İster dua etmek için ellerin bükülmesi, ister oturma, ister sıradan çıkmak için olsun, her şey emirle

yapılıyordu. Dersler yediden öğlen on ikiye kadar sürüyordu. Sonra genç Schiller'in sürekli azarlandığı ve bir "domuz" olma şöhretine sahip olduğu yarım saatlik süre, "*proprete*" olarak bilinen kişisel temizliğe ayrılan zaman gelirdi. Öğrenciler askeri kıyafet giyerlerdi. Siyah manşetli soluk mavi palto, beyaz yelek ve beyaz pantolon, kıvrılan çizme ve ince uzun bir kılıç, dikişli ve tüyle süslenmiş üç köşeli bir şapka. Okulun kurucusu olan Dük, kızıl saça tahammül edemediği için, Schiller saçını pudralamak zorunda kalıyordu. Diğer öğrenciler gibi, saçına domuz kuyruğuna benzer uzun ve yapay bir kuyruk takıyordu, şakaklarında ise yapıştırılan iki bigudi vardı. Bu şekilde giyinerek öğrenciler önce öğlen yoklamasına, sonra da yemekhaneye gidiyorlardı. Yemekten sonra zorunlu yürüyüş vardı, sonra da askeri eğitim. Ondan sonra da saat iki ile altı arasında dersler ve sonrasında da yine temizlik vardı. Günün geri kalanı katı bir plan doğrultusunda kişisel çalışmaya ayrılmıştı. Akşam yemeğinden hemen sonra öğrenciler uyumaya gönderiliyorlardı. Genç Schiller, yirmi bir yaşına gelene kadar bu değişmez rutinin deli gömleğine hapsolmuştu." (Burschell, 1958)

Schiller, arka arkaya bedeninin pek çok yerinde aşırı derecede acılı kasılmalar ve kramplar yaşıyordu. Kırklı yaşlara geldiğinde, onu sürekli olarak ölüm korkusuyla yüzleşmeye zorlayan birkaç ciddi hastalık geçirdi. Bu hastalıklar hezeyanları ile bağlantılıydı ve kırk altı yaşında hayatını kaybetmesine sebep oldu.

Bence bu kramplar ve kasılmalar, şüphesiz çocukluğunda sürekli çektiği bedensel cezalara ve daha sonra eğitim gördüğü sırada maruz kaldığı acımasız disipline dayandırılabilir. Uygun bir dille ifade edilecek olursa, tutsaklığı askeri okula gitmeden önce, babasının yüzünden başlamıştı. Bu adam, özdisiplin adı altında oğlundaki ve kendisindeki herhangi bir haz ya da neşe ifadesini sert ve sistematik bir biçimde bastırmıştı. Örneğin, çocuklara, yedikleri herhangi bir şeyden bir haz duydukları an masadan kalkmaları söylenmişti. Baba da aynısını yapıyordu. Hayatın tadı diyebileceğimiz herhangi bir şeyi bastırma yönündeki bu tuhaf kaygı, Schiller'in babasına has bir şey olabilir, ancak o sırada askeri okul sistemi yaygındı ve katı Prusya eğitiminin somut bir örneği olarak görülüyordu, bu eğitimin yol açabileceği sonuçlar hakkında çok az düşünülmüştü. Bu eğitimin bünyesindeki acımasız denetim sistemi, Nazi toplama kamplarında gördüklerimizi anımsatıyor. Bu kamplardaki devletin örgütlediği sadizm, askeri okullarla karşılaştırıldığında şüphe götürmeyecek derecede çok daha iğrenç ve zalim olsa da, bu kurumlar önceki yüzyıllarda hüküm süren eğitim sistemindeki aynı kökleri paylaşır (1980). Hem komuta eden subaylar hem de onlardan sonra gelip de bu planlı zulümleri uygulayanlar, gençliklerinde birinci elden bu dayak ve diğer küçük düşürme yöntemlerini tecrübe etmişlerdi. Bu yöntemleri o kadar iyi öğrenmişlerdi ki sonrasında onları düşünmeden ve herhangi bir vicdan azabı çekmeden çocuklar ve esirler gibi güçleri yeten kişilerin üzerinde uygulayabilmişlerdi. Schiller, maruz kaldığı dehşetin acısını başkalarından çıkarmak için hiçbir istek duymadı. Ancak bedeni çocukluğunda dayanmak zorunda olduğu zulmün bir sonucu olarak hayatı boyunca acılar içinde kıvrandı.

Elbette Schiller bir istisna değildi. Milyonlarca insanın yolu çocuk olarak böylesi okullardan geçti ve hepsi şiddetli bir biçimde cezalandırılmak hatta öldürülmek istemiyorlarsa, otoritenin gücüne boyun eğmeyi öğrenmek zorunda kaldılar. Bu tecrübeler, Dördüncü Emir'e duyulan değişmez sadakat üzerinde etkiliydi ve çocukların kafalarına çakılan bir şey, asla ve asla otoritenin gücünü sorgulamamaktı. O halde bugün bile o çocukların torunlarının torunlarının halen ara sıra iyi bir dayak yemenin onlara asla bir zarar vermediğini iddia etmelerine hiç şaşırmamalı.

Ancak bir açıdan Schiller elbette bir istisnaydı; *Haydutlar*'dan *Wilhelm Tell*'e kadar Schiller'in bütün yapıtlarında, otoritenin gözü kör kudretini uygulamasına karşı tutkulu bir isyan görürüz ve o isyanın ifade bulduğu dilin o asil hitabeti, pek çok kişiye bir gün bu isyanın başarılı olabileceğini umut etme cesaretini vermiştir. Ancak bu yapıtların hiçbirinde, Schiller otoritenin absürd uygulamalarına karşı isyanını, bedeninde saklı çocukluk tecrübelerinin ateşlediğini asla bilmez. Korkunç ve güç delisi babasının elinden çektikleri onu yazmaya itmiştir, ancak yazma isteğinin arkasındaki güdünün ne olduğunu anlayamamıştır. Tek istediği, büyük ve kalıcı edebiyat eserleri üretmektir. Bulduğu hakikati tarihi figürler aracılığıyla ifade etmeye çalışmıştır ve bu amacına olağanüstü bir başarıyla ulaşmıştır. Ancak babasının yüzünden çektiklerine ilişkin hakikate hiç değinmez; çektiği sıkıntı, erken yaşta ölene kadar onun için bir sır olarak kalmıştır. Bu hem onun hem de yüzyıllarca ona hayran olan ve yapıtlarındaki özgürlük ve hakikat davasına sarılışı yüzünden onu örnek alan tiyatroseverler ve okurlar için bir sır olarak kalmıştır. Ancak o hakikat, hakikatin tamamı değildi, yalnızca böylesi bir toplumun farkına vardığı bir hakikatti. O cesur Friedrich von Schiller'e biri çıkıp da "Babana hürmet etmene gerek yok. Sana böylesine zarar veren insanlar, anne baban bile olsalar, senin sevgini ve saygını hak etmezler. Bir evlat olarak duyduğun bağlılığın karşısında ödediğin bedel dehşet verici, sürekli yaşadığın o korkunç fiziksel eziyetler. Dördüncü Emir'e uymazsan, kendini bunlardan kurtarabilirsin" demiş olsa Schiller ne kadar dehşete kapılırdı. Peki Schiller bunun karşısında ne derdi?

1.3. Anılara İhanet (Virginia Woolf)

Yirmi yıldan uzun bir süre önce, *Fark Etmeyeceksin*'de (Du sollst nicht merken) tıpkı kız kardeşi Vanessa gibi, çocukken ve görünüşe göre ergenliğe kadar iki üvey erkek kardeşinin cinsel istismarına uğrayan Virginia Woolf'un hayatını ele almıştım. Louise DeSalvo'nun (1990) sağladığı bilgiye göre, yirmi dört ciltlik günlüğünde Woolf, sürekli olarak onlardan hiçbir destek göremeyeceğini bildiği için anne babasına güvenip de açmaya cesaret edemediği o korkunç döneme döner. Hayatı boyunca tekrarlayan bir depresyondan muzdariptir ve ancak yine de romanları üstünde çalışma gücünü bulur, acısını böyle ifade etmeyi ve sonunda çocukluk ve ergenlik travmalarından kurtulmayı umar. Ancak 1941 yılında depresyonu galip gelir ve Virginia Woolf kendini boğar.

Fark Etmeyeceksin'de (Du sollst nicht merken) onun kaderini yazarken yıllar sonra öğrendiğim çok önemli bir bilgiye sahip değildim. Louise DeSalvo'ya göre, Woolf, Freud'un yapıtlarını okuduktan sonra, anılarını bir anı defterine kaydetse ve kız kardeşinin de üvey erkek kardeşlerinin cinsel istismarına uğradığını bilse bile kendi anılarının gerçekliğinden şüphe etmeye başlamış. DeSalvo, o noktadan sonra Woolf'un Freud'un kuramlarını takip ettiğini, insan davranışını çocukluk tecrübelerinin mantıklı sonuçları olarak görmeyi bıraktığını, onun yerine güdülerin, hayallerin ve hüsnükuruntuların bir sonucu olarak gördüğünü düşünür. Freud'un yazdıkları Woolf'un kafasını tamamıyla karıştırmıştı: Bir yandan, Woolf tam olarak ne olduğunu biliyordu; öte yandan, neredeyse bütün cinsel istismar kurbanları gibi aslında durumun hiç de sandığı gibi olmayabileceğini umuyordu. Sonunda memnuniyetle Freud'un kuramlarını kabul etti ve anılarını bu inkarın uğruna feda etti. Anne babasını daha da fazla idealize etmeye ve bütün ailesini pembe gözlüklerin arkasından bakarak anlatmaya başladı, bu daha önce hiç yapmadığı bir şeydi. Freud'un haklı olduğunu kabul ettikten sonra, kendisinden emin olmayacak hale geldi, kafası karıştı ve sonunda deli olduğuna inandı. DeSalvo şöyle yazıyor:

> "Woolf'un düşüncesindeki bu dönüşümün, onun kendini öldürme kararını pekiştirdiğine ve Freud'u kabul edişinin, kurmaya çalıştığı sebep sonuç ilişkisinin temelini ortadan kaldırdığına, bunun da onu depresyon nöbetlerine ve zihinsel durumu hakkında getirdiği açıklamaları geri çekmeye zorladığına inanıyorum. Daha önce Woolf, depresif durumunu çocukluğundaki o ensest tecrübelerine bağlıyordu. Ancak Freud'un kuramlarına uyacak olursa, o zaman başka açıklamalar olmalıydı: Belki de kendi anıları asılsız değilse de çarpıtılmıştı; belki de bu anılar gerçek tecrübelerin bir yansıması değil, kendi arzularının bir izdüşümüydü; kısacası belki de bütün olan biten, kendi hayal gücünün bir ürünüydü." (DeSalvo, 1990)

O kadar erken bir yaşta ona yüklenen dehşete dair duygularını paylaşabileceği, aydınlanmış bir tanığı olsaydı, Woolf'un intiharının önlenebileceğine inanıyorum. Ancak güvenebileceği hiç kimse yoktu ve Freud'u bir uzman olarak görüyordu. Freud'un yazıları, onu şiddetli bir belirsizliğe atmıştı ve tıpkı ailesi gibi toplumun, özellikle de o sıralarda var olan, değerler sistemini temsil eden baba figürü Sigmund Freud'dan şüphe etmek yerine kendi benliği konusunda ümitsizliğe düşmeyi tercih etmişti.

Ne yazık ki bu durum o zamandan beri pek değişmedi. 1987 yılında gazeteci Nikolaus Frank, Alman dergisi *Stern* ile yaptığı bir mülakatta babasının zulmü için onu asla affedemeyeceğini ifade etti. Savaş sırasında Frank'ın babası Krakov'da nazi partisinin bölge başkanıydı ve çok sayıda insana yaşatılan tarifsiz acılardan sorumluydu. Ancak toplum, oğlunun bu canavarı hoşgörmesini bekliyordu. Nikolaus Frank, babasının yaptığı en kötü şeyin onun gibi bir oğlu dünyaya getirmesi olduğunu söyleyen mektuplar almıştı.

1.4. Kendinden Nefret Etme ve Karşılıksız Sevgi (Arthur Rimbaud)

Arthur Rimbaud, 1854 yılında doğmuş ve 1891 yılında, otuz yedi yaşında sağ bacağı kesildikten birkaç ay sonra kanserden ölmüştü. Yves Bonnefoy, Rimbaud'nun annesinin sert ve gaddar olduğunu söylüyor, bütün mevcut kaynakların hemfikir olduğu bir gerçek bu.

> "Rimbaud'nun annesi, hırslı, gururlu, dediğim dedik, sıkıcı ve içi nefret dolu biriydi. Bağnaz bir dindarlıktan edinilen saf güçle alevlenen biri. 1900 yılı civarında yazdığı hayret verici mektuplar, onun ölüme ve yıkıma olan tutkusunu ortaya koyuyor. İnsan nasıl mezara girmekten dolayı bir coşku yaşayabilir ki? Yetmiş beş yaşında, gelecek olan ebedi geceyi önceden tadabilmesi için, mezar kazıcılarının onu daha sonra ölmüş olan çocukları Vitali ve Arthur ile paylaşacağı mezara indirmesini istemişti." (Bonnefoy, 1999)

Zeki ve hassas bir çocuğun böylesi bir kadının himayesinde büyümesi nasıldı kimbilir? Bu sorunun yanıtını Rimbaud'nun şiirinde buluruz. Yaşam öyküsünde şöyle yazıyor:

> "(Annesi) gelişimine engel olmak ve onu durdurmak için elinden geleni yaptı. Bu konuda başarılı olamayın-

ca oğlunun her bir bağımsızlık arzusunun, özgürlük belirtisinin daha en başında önünü kesmiş. Oğlu, kendisini bir yetim olarak görmeye başlamış ve annesi ile olan ilişkisi bir yanda nefret, öte yanda esaret olmak üzere ikiye ayrılmış. Hiçbir sevgi görmemesinin bir sonucu olarak, Rimbaud bir şekilde suçlu olması gerektiği sonucuna varmış. Masumiyetinin verdiği bütün güçle, annesinin yargılarına şiddetle başkaldırmış." (a.g.e.)

Rimbaud'nun annesi çocuklarının üstündeki tam hakimiyetini sürdürmüş ve buna anne sevgisi demiş. Keskin bir zekaya sahip oğlu ise bunun bir yalan olduğunu görmüş, annesinin bu etkileyici kaygısının sevgi ile bir ilgisinin olmadığını fark etmişti, ancak bu gözlemini tamamıyla kabul edemedi, zira bir çocuk olarak sevgiye, en azından onun yanılsamasına ihtiyacı vardı. Annesinden nefret etmemeliydi, görünüşte oğlu için kaygılandığından bunu yapamıyordu. O yüzden onun yerine kendisinden nefret etti, anlaşılmaz bir şekilde böylesi bir sahteliği ve soğukluğu hak etmiş olması gerektiğine şuursuzca inanmıştı. Tiksinti duygusundan muzdarip halde, Nietzsche gibi bu nefreti yaşadığı şehre, içinde yaşadığı ahlak sisteminin riyakarlığına ve kendisine yöneltti. Hayatı boyunca bu duygulardan kaçmaya çalıştı; alkole, haşhaşa, absente, afyona ve uzak yerlere yaptığı aşırı seyahatlere başvurdu. Gençliğinde evden kaçmak için iki girişimde bulundu, ancak her ikisinde de yakalandı ve geri döndü.

Şiiri, yalnızca kendisine duyduğu nefreti değil, hayatının erken evrelerinde tamamıyla mahrum kaldığı sevgi arayışını da yansıtır. Daha sonra okulda ergenliğinin belirleyici yıllarında aşırı derecede ihtiyaç duyduğu desteği ve dostluğu ona veren şefkatli bir öğretmenle karşılaşacak kadar şanslıydı. Öğretmeninin şefkati ve güveni, Rimbaud'nun felsefi düşüncelerini yazmasını ve geliştirmesini sağladı. Ancak çocukluğunun onun üzerindeki boğucu hakimiyeti sürdü. Hayatındaki sevgi eksikliğinden doğan çaresizliği ile, onu, gerçek sevginin doğasına ilişkin felsefi gözlemlere dönüştürerek mücadele etmeye çalıştı. Ancak bu düşünceler, soyutlamalardan başka bir şey değildi, zira geleneksel ahlakı zihinsel olarak reddetmesine rağmen, onun öngördüğü davranış kurallarına şaşmaz bir şekilde biat ediyordu. Kendinden tiksinmek meşruydu ancak anneden nefret etmek düşünülemezdi. Bir çocuk olarak hayatta kalmasını sağlayan umutları yok etmeden çocukluk anılarının acılı mesajlarına kulak veremiyordu. Rimbaud defalarca kendisinden başka güvenecek kimsesi olmadığını söyler bize. Elbette bu durumda, gerçek sevgi yerine kendi dengesizliği ve riyakarlığı dışında ona verecek hiçbir şeyi olmayan bir anneden başka ne öğrenebilirdi? Bütün hayatı, kendisini sahip olduğu bütün imkanları kullanarak annesinin ellerinde yok olmaktan kurtarmak için bulunduğu muhteşem ancak beyhude bir teşebbüsten ibaretti.

Rimbaud'nunkine benzer bir çocukluk yaşamış gençler, genellikle onun şiirine hayran olurlar, çünkü orada belli belirsiz bir şekilde akraba bir ruh görürler.

Rimbaud'nun Paul Verlaine ile olan dostluğu iyi bilinir. Sevgi ve samimi iletişim özlemi, önce bu dostlukta doyum buldu, ancak kökleri çocukluğuna uzanan güvensizlik, yavaş yavaş samimiyetlerini zehirledi ve Verlaine'in zor geçmişi ile bir araya gelince aralarındaki sevginin kalıcı olmasını engelledi. Sonunda uyuşturucudan medet ummaları, aradıkları saf dürüstlüğü yaşamalarını imkansız kıldı. İlişkileri, birbirlerinde açtıkları ruhsal yaralar ile kötürüm kaldı. Son çare olarak, Verlaine, Rimbaud'nun annesi kadar yıkıcı davrandı ve son kriz, sarhoş Verlaine'in Rimbaud'yu vurması ve bu suç yüzünden iki yıl hapse mahkum olması ile meydana geldi.

Çocuklukta mahrum kaldığı "gerçek sevgiye" ulaşmak için, Rimbaud, Hıristiyan hayırseverliğinde, başkalarını anlamada ve onlara merhamet duymada var olan sevgi fikrine döndü. Kendisinin hiç görmediği sevgiyi başkalarına vermek üzere yola çıktı. Arkadaşını anlamaya ve onun kendisini anlamasına yardım etmeye çalıştı, ancak çocukluğundaki bastırılmış duygular, sürekli bu teşebbüsüne engel oldu. Kurtuluşu, telafiyi Hıristiyan hayırseverliğinde aradı, ancak acımasız derecede keskin zekası kendisini kandırmasına izin vermedi. Bu yüzden, bütün hayatını kendi hakikatini arayarak geçirdi, ancak bulamadı, çünkü annesinin ona yaptıkları yüzünden çok erken yaşta kendisinden nefret etmeyi öğrenmişti. Kendisini bir canavar, eşcinselliğini bir kusur, çaresizliğini bir günah olarak gördü. Ancak bir kez bile sonsuz ve haklı öfkesini gerçek suçluya, onu kendi hapsinde tutabileceği kadar uzun tutan kadına yöneltmedi. Hayatı boyunca uyuşturucuların, seyahatin, yanılsamaların ve her şeyden önce şiirin yardımıyla kendisini o hapisten kurtarmaya çalıştı. Ancak onu özgürlüğe kavuşturacak kapıları açmaya yönelik ümitsiz çabalarının hepsinde, kapılardan bir tanesi, en önemlisi inatla kapalı kaldı: Ciddi ölçüde dengesiz, kötü kalpli bir kadın ile onu koruyacak bir baba olmaksızın büyümeye zorlanmış küçük bir çocuğun duygularına, çocukluğunun duygusal gerçekliğine açılan kapı.

Rimbaud'nun yaşam öyküsü, bedenin erken dönemde mahrum kaldığı besini ümitsizce nasıl aradığını açıkça ortaya koyar. Rimbaud bir eksikliği dindirmeye, hiç doyurulamayacak bir açlığı bastırmaya çalışıyordu. Uyuşturucu bağımlılığı, aşırı derecedeki seyahatleri ve Verlaine ile dostluğu, yalnızca annesinden kaçma girişimleri olarak yorumlanamaz, annesinin ondan esirgediği besini alma çabası olarak da yorumlanabilir. Rimbaud'nun içindeki gerçek, kaçınılmaz bir biçimde bilinçdışında kaldığından, hayatı zorlantılı tekrarlardan ibaretti. Ölü doğan her kaçma girişiminden sonra, annesine döndü. Hem Verlaine'den ayrıldıktan sonra hem de hayatının sonunda, annesinin ondan beklentilerini dolaylı olarak yerine getirerek, bir iş insanı olmak için yazmayı bırakıp, yaratıcılık yeteneklerini nihayet feda ettiği zaman da annesine dönmüştü. Rimbaud, hayatının son günlerini Marsilya'da bir hastanede geçirmesine rağmen, hemen öncesinde annesinin ve kız kardeşinin ona baktığı Roche'a döner. Anne sevgisini arayışı, çocukluğunun hapsinde son bulur.

1.5. Hapsolmuş Çocuk ve Acıyı İnkar Etme İhtiyacı (Yukio Mişima)

1970 yılında, kırk dört yaşında harakiri yapan meşhur Japon şair Yukio Mişima, içinde marazi ve sapkın şeylere karşı bir eğilim hissettiği için, kendisinden sıkça canavar olarak söz ediyordu. Fantazileri ölüm, karanlık dünya ve cinsel şiddet ile ilgiliydi. Öte yandan, şiirleri, ona muazzam acı çektiren olağandışı bir hassasiyete ve çocukluğundaki trajik tecrübelerden kaynaklanan bir acıya işaret ediyordu.

Mişima, anne babasının ilk çocuğuydu, 1925 yılında doğduğu zaman, annesiyle babası yeni evlilerdi ve büyükanne ile büyükbabasının evinde yaşıyorlardı, o zaman için Japonya'da bu tuhaf bir durum değildi. Neredeyse en başından beri, o sırada elli yaşında olan büyükannesinin odasında kalıyordu. Karyolası onun yatağının yanında duruyordu, yıllarca orada dış dünyadan uzak ve tamamıyla onun ihtiyaçlarına açık bir şekilde yaşadı. Mişima'nın büyükannesi şiddetli depresyondan muzdaripti, ara sıra küçük çocuğu histeri krizleri ile dehşete düşürüyordu. Kocasını ve oğlunu, yani Mişima'nın babasını hor görüyordu, ancak kendi üslubuyla küçük torununa tapıyor ve yalnızca ve yalnızca kendisine ait olmasını istiyordu. Otobiyografisinde şair, büyükannesiyle paylaştığı odanın bunaltıcılığını ve berbat kokusunu hatırlıyor. Ancak içinde bulunduğu durum hakkında duyduğu ne bir öfkeyi ne de tepkiyi bize anlatıyor, zira bu durum ona normal geliyordu. Dört yaşındayken ciddi bir hastalık geçiriyor; daha sonradan kronik olduğu ortaya çıkan, kendi kendini zehirleme tanısı konulan bir hastalık. Altı yaşında okula ilk gittiğinde, diğer çocuklarla hayatında ilk kez temas kuruyor ve onların arasında kendisini tuhaf ve yabancı hissediyor. Gayet doğal olarak, başka çocuklarla ilişki kurmada zorlanıyor. Zira bu çocuklar kendi ailelerinden tamamıyla farklı bir muamele gördükleri ve farklı bir ortamda yetiştikleri için, duygusal açıdan ondan daha rahat ve doğallardı. Dokuz yaşındayken anne babası kendi dairelerine taşındı, ancak oğullarını yanlarına almadılar. O sırada büyükannesinin büyük bir şevkle cesaretlendirmesiyle şiir yazmaya başladı. Nihayet on iki yaşında anne babasının yanına taşındığı zaman, annesi, yazdıklarıyla gurur duydu, ancak babası yazdıklarını yırtıp attı ve Mişima gizlice yazmayı sürdürmeye zorlandı. Evde ne anlaşılıyor ne de teşvik ediliyordu. Büyükannesi ondan bir kız yaratmaya çalıştı, öte yandan babası da şiddetli dayaklarla onu bir erkeğe çevirmeye kalkıştı. Sonuç olarak, Mişima sık sık büyükannesini ziyaret etti; oraya gitmek, onun için babasının zulmünden kaçışı temsil ediyordu. On üç yaşındayken büyükannesi onu ilk kez tiyatroya götürdü. Bu da ona yepyeni bir dünyanın -duygular dünyasının- kapılarını açtı.

Mişima'nın intiharını, erken yaşta büyükannesinin davranışlarına karşı duyduğu isyan duygusunu, öfkeyi ve kızgınlığı yaşayamamasının bir ifadesi olarak görüyorum. Ona duyduğu minnet duygusu yüzünden bu duygularını yaşayamıyordu. Yalnızlığında ve babasının davranışıyla kıyaslandığında, büyükannesi onun gözüne bir kurtarıcı olarak görünmeye mahkumdu. Gerçek duyguları, bu kadına duyduğu sevginin zindanına hapsolmuştu. Kadın da en başından beri, belki de cinsel arzuları dahil olmak üzere kendi ihtiyaçlarının karşılanması için onu suistimal etmişti. Ancak Mişima'nın yaşam öyküsünü yazanlar, bütün bunların üstüne bir sükunet perdesi çekerler ve en sonuna kadar Mişima'nın kendisi de bu konuya değinmemiş, asla kendi hakikatiyle yüzleşmemişti.

Mişima'nın yaptığı harakiriyi açıklayacak her türlü sebep vardı. Ancak en ikna edici sebepten pek söz edilmemiştir. Her şeye rağmen, anne babalarımıza ve onların ebeveynine ya da onların yerindeki kişilere –bize ettikleri muamele saf eziyet olsa dahi- bir minnet borcu duymamız gayet normaldir. Anladığımız kadarıyla bu duygu, ahlakın vazgeçilmez bir parçasıdır. Ancak samimi duygularımızı ve kendi hakikatimizi, taşsız bir mezara gömmemize sebep olan bir ahlak türüdür bu. Ağır hastalıklar, erken yaşta ölüm ve intihar aslında gerçek hayatlarımızı boğsalar da ahlâk dediğimiz kurallara boyun eğmemizin mantıklı sonuçlarıdır. Hayatın kendisi yerine, bu kuralları yüceltmeye devam ettiğimiz sürece, dünyanın her yerinde durum böyle olmayı sürdürecektir. Beden, böylesi bir muameleye isyan eder, ancak onun konuştuğu tek dil, hastalık dilidir. Çocukluktaki gerçek duyguların reddedildiği fark edilmedikçe de nadiren anlaşılan bir dildir bu.

On Emir'in çoğunun bugün hâlâ geçerli olduğu iddia edilebilir. Ancak Dördüncü Emir, bütünüyle psikoloji yasalarının karşısındadır. Zoraki "sevginin" çok büyük bir zarar verebileceği gerçeğinin genel olarak farkına varılması şarttır. Çocukluklarında sevilen insanlar, bunun karşılığında anne babalarını seveceklerdir, onlara anne babalarını sevmelerini söyleyen bir emre gerek yoktur. Bir emre itaat, asla bir sevgi doğuramaz.

1.6. Annenin Sevgisiyle Boğulmak (Marcel Proust)

Marcel Proust'un dünyasına dalıp gitmek için gerekli zamanı ayıran herkes, bu yazarın, okurlarına ne büyük bir duygu, hassasiyet, imge ve gözlem zenginliği ihsan ettiğini bilir. Böyle yazabilmek için, o müthiş yapıtları üzerinde yıllar boyu çalışırken bu izlenim zenginliğini yaşamış olmalı. Peki bu tecrübeler, neden ona yaşama gücü vermemiştir? Neden kitabını bitirdikten yalnızca iki ay sonra hayatını kaybetti? Ve neden boğularak öldü? Basmakalıp bir cevaptır: "Çünkü astımı vardı ve onu öldürmeye yetecek bir zatürre nöbeti geçirdi." Peki neden astımı vardı? İlk ciddi atağı dokuz yaşındayken geçirmişti. Onu bu hastalığa iten neydi? Onu seven bir annesi yok muydu? O sevgiyi hissedebiliyor muydu ya da kuşku içinde miydi?

Gerçek şuydu; kendi özel dünyasını oluşturan gözlemlerini, duygularını ve düşüncelerini ancak annesi öldükten sonra anlatabilmişti. Ara sıra annesi için katlanılmaz bir yük olduğunu hissediyordu. Bütün düşünceleri ve duyguları ile birlikte kendisini -aslında olduğu gibi- asla annesine gösterememişti. Bu gerçek, annesine yazdığı ve aşağıda alıntıladığım mektuplarda açıkça ortaya çıkar. Annesi onu kendi üslubuyla "severdi." Oğlunun sağlığına, sıhhatine muazzam bir ilgi gösterdi, ancak aynı zamanda onun üstünde tam bir hakimiyet kurmak isterdi ve ilişkilerinin nasıl olmasını gerektiğini o belirlerdi. Proust on sekiz yaşındayken bile onun için uygun olmadığını düşündüğü arkadaşlarını bozmaya kalkışırdı. Kendisi onun nasıl olmasına ihtiyaç duyuyorsa, öyle olmasını, yani bağımlı ve uysal olmasını istiyordu. Ara sıra annesinin bu müdahalelerine dirense de, aynı zamanda süklüm püklüm ve kimi zaman çaresizce itaatsizliği için özür diler, onun sevgisini, şefkatini kaybetmekten çok korkardı. Hayatı boyunca annesinden sevgi görmek için uğraşmasına rağmen, onun daimi denetiminden ve üstünde kurmaya çalıştığı hakimiyetten içten içe kaçınarak kendisini koruması gerekirdi.

Proust'un astımı bu sefaletin bir ifadesiydi. Çok fazla hava (sevgi) soluyor ve o miktarda havayı (hakimiyet) soluk olarak geri vermesine izin verilmiyor, yani annesinin insanı içine çekme, yutma talebine karşı gelemiyordu. Muhteşem romanı kendisini ifadesi etmesini ve okurlarına olağanüstü bir cömertlikle bu armağanı bahşetmesini sağlamıştı. Ancak yıllarca fiziksel olarak eziyet çekmişti çünkü insanı bunaltan, baskın ve talepkar annesinin çektirdikleriyle tam anlamıyla ve bilinçli olarak yüzleşememişti. En sonunda temel kaygısı, içselleştirdiği annesinin duygularını bağışlamaktı ve kendisini bu hakikatten koruması gerektiğine inanıyordu. Bedeni bu tavizi kabul edemiyordu. Bedeni, muhtemelen doğduğundan beri hakikati biliyordu. Marcel'in bedeni için annesinin idaresi ve bunaltıcı kaygısı, asla samimi bir sevginin ifadesi değil, korkunun belirtisiydi. Büyük bir olasılıkla iyi bir şehirli aileden gelen geleneksel zihniyetli, itaatkar bir kız çocuğunun, oğlunun olağanüstü yaratıcı güçleri karşısında hissettiği korkuydu bu. Jeannette Proust, meşhur bir doktorun karısı olmanın getirdiği beklentileri karşılama ve yargılarının çok önemli olduğu bir toplumsal sınıfın üyeleri tarafından saygı görme konusunda çok kaygılıydı. Marcel'in özgünlüğünü ve ruhunu bir tehdit olarak, sahip olduğu bütün güçle savaşmak üzere yola çıktığı bir tehdit olarak görüyordu. Bu durum, hassas ve zeki oğlunun gözünden kaçmamıştı. Ne var ki bu fikrini çok uzun süre kendisine saklamak zorunda kaldı. Ancak annesinin ölümünden sonra bu keskin gözlemlerini yayımlayabildi ve o günün burjuva toplumunu ondan önce pek de kimsenin yakalayamadığı bir keskinlikle eleştirebildi. Eleştirilerini yönelttiği zihniyetin tam da vücut bulmuş hali olmasına rağmen, kendi annesi bu eleştirilerden nasibini almadı.

Annesinin ölümünün hemen ardından, otuz dört yaşındaki Proust arkadaşı Montesquieu'ye şunları yazmıştı:

> "Onsuz yaşayamayacağımı biliyor... Bundan sonra hayatım asıl amacını, tek hoşluğunu, tek sevgisini, tek tesellisini yitirdi. Sonsuz dikkatinin, hayatımdaki sevgi ve huzur açısından tek zenginlik olduğu kişiyi kaybettim... Acıya battım... Ona bakan hemşirenin dediği gibi: Onun gözünde ben hep dört yaşındaydım." (Mauriac, 2002)

Proust'un annesine duyduğu sevginin bu tarifi; ona duyduğu, özgürlüğü kaldırmayan ve onun sürekli gözetimine karşı açık bir direnç olanağı tanımayan trajik yakınlığı çok iyi yansıtıyor. Astımı bu ikilemin bir ifadesiydi: "İçime çok fazla hava çekiyorum, ancak bunu tekrar geri vermemeliyim, bana verdiği her şey, beni boğsa da, benim için iyi *olmalı*."

Proust'un çocukluğuna bakmak, bu trajedinin köklerine ışık tutuyor. Neden Proust'un bu kadar uzun süre annesine ayrılmaz bir şekilde bağlandığını ve bunun sonucunda şüphesiz sıkıntı yaşamasına rağmen, neden kendisini onun etkisinden kurtaramadığını açıklığa kavuşturuyor.

Proust'un annesiyle babası 3 Eylül 1870 günü evlenmişlerdi. İlk oğulları olan Marcel, 10 Temmuz 1871 günü Auteuil'de doğmuştu. Toplumun, Fransa'nın Prusya işgalinin yarattığı sarsıntıyla sersemlediği, bunun yarattığı kargaşayla ve kopardığı gürültüyle dolu bir geceydi. Annesinin o sırada hüküm süren gerginlikten kendisini pek kurtaramadığını, sevgi ve ilgisini yalnızca yeni doğan bebeğine veremediğini tasavvur etmek kolay. Bebeğin bedeninin de bu tedirginliği, huzursuzluğu hissettiğini ve hoş karşılanıp karşılanmadığı hakkında şüpheler duymaya başladığını varsaymak da doğru olur. Bu durumda çocuk, kesinlikle ona verilen güvenden daha fazlasına ihtiyaç duyacaktır. Kimi bebeklerde böylesi bir eksiklik, daha sonradan çocuklukları üzerinde muazzam bir gerginlik yaratan ölümcül bir korkuya kolayca sebep olabilir. Büyük olasılıkla Marcel'in yaşadığı da buydu.

Çocukluğu boyunca geceleri annesi ona iyi geceler öpücüğü vermeden uyuyamadı ve anne babası ve aslında etrafındaki herkes, bu ihtiyacın daha güçlü ve utanç verici kötü bir alışkanlık hale geldiğini hissettikçe, daha zorunlu hale geldi. Her çocuk gibi Marcel de hiçbir şeyi, annesinin sevgisine inanmaktan daha çok istemedi, ancak doğumundan hemen sonra annesinin karmaşık duygularını ona hatırlatan, bedeninde saklı anılardan bir şekilde kendisini arındıramadığı görüldü. O en baştaki, çok kuvvetli fiziksel algıyı ortadan kaldırmak için iyi geceler öpücüğüne ihtiyacı vardı. Ancak ertesi gece şüpheler geri geliyordu. Ayrıca aşağıdaki salondaki bitmek bilmeyen misafir seli, çocuğun zihninde, bu yüksek burjuvanın bütün erkeklerinin ve kadınlarının annesi için kendisinden daha önemli olduğu şüphesini de doğurmuş olabilir. Nihayetinde onlarla kıyaslandığında ne kadar küçük ve önemsizdi. O yüzden yatağında yatar, ümitsizce arzuladığı o sevgi işaretini beklerdi. Ancak annesinden gördüğü, bunun yerine, terbiyeli, edepli, "normal" olması tembihleriydi.

Daha sonra yetişkin olarak Marcel, kendince annesinin sevgisini ondan çalan dünyayı incelemeye başladı. Önce bunu bir salon züppesi olarak, sonra annesinin ölümünün ardından hayalinde bu dünyayı görülmemiş bir tutku, kesinlik ve hassasiyetle betimleyerek yaptı. Ona azap çektiren sorulara bir yanıt bulmanın peşinde uzun bir yolculuğa çıkmış gibiydi: "Anne neden bütün bu insanlar benden daha ilginçler? Kofluklarını, züppeliklerini görmüyor musun? Neden benim hayatım, sana olan özlemim, sevgim senin için bu kadar değersiz? Neden senin için çekilmez biriyim?"

Çocuk, duygularını farkında olarak yaşayabilseydi, kendisini belki böyle ifade edebilirdi. Ancak Marcel iyi bir çocuk olmak ve sorun yaratmamak istedi. Bu yüzden annesinin dünyasına girdi ve bu dünya onu büyülemeye başladı. Bir sanatçı gibi bu dünyayı özgürce tasvir edebildi ve ayrıca hiçbir engel tanımadan eleştirebildi. Bütün bunları yattığı yerden yaptı. Bu yatakta hayali seyahatlere çıktı, hasta yatağı sanki onu, acımasız tahlillerin sonuçlarından ve çok korktuğu kınamalardan koruyordu.

Romanlarındaki figürler sayesinde, bir yazar gerçekte anne babasına asla ifade edemeyeceği samimi duygularını ifade edebilir. Erken dönemde yazdığı, öldükten sonra yayımlanan ve yazarın yaşam öyküsünü yazan Claude Mauriac'in Proust'un gençliği hakkında bilgi kaynağı olarak kullandığı o güçlü otobiyografik romanı *Jean Santeuil*'de yazarın kişisel ikilemini çok daha doğrudan ifade ettiğini, anne babası tarafından reddedilişini gerçekten de sezdiğini anlamamızı sağladığını görüyoruz. "Oğlunun tabiatından, sağlık durumundan, hüzne olan meylinden, savurganlığından, uyuşukluğundan, hayatta kendisine bir yer bulmasının imkansızlığından ...doğan müthiş mutsuzluk sebeplerinden" ve "zihinsel yeteneklerini heba edişinden" söz ediyor. (Proust, 1992)

Aynı romanda annesine olan isyanını anlatıyor, ancak kahramanı Jean'ın kılığında:

> "Kendisine duyduğu öfke, anne babasına duyduğu öfkeyi artırdı. Ancak endişesinin, dayanılmaz durgunluğunun, hıçkırarak ağlama nöbetlerinin, migreninin ve uykusuzluğunun sebebi onlar olsa da onlara zarar vermek için memnuniyetle bir şey yapar ya da daha da iyisi, annesini geldiği zaman beddualarla karşılamak yerine, ona çalışmaya hiç niyetinin olmadığını, her geceyi başka bir yerde geçireceğini ve babasının bir mankafa olduğunu düşündüğünü söylerdi... Ve bütün bunları yalnızca, ayrım gözetmeden onlara sözle saldırma ve evi tokat gibi sarsan sözlerle annesinin ona ettiği kötülüğün öcünü alma ihtiyacını hissettiği için yapardı. Ancak edemediği bu sözler içinde kalır ve bedeninin içinde kendine yer bulan ve yavaş yavaş kollarına bacaklarına yayılan bir zehre dönüşürdü. Elleri ayakları titrer, avını yakalamak ister gibi kasılarak havada bir şey kavrardı." (Proust, 1992)

Ancak annesinin ölümünden sonra sevgiden başka bir şey ifade edilir. Şüpheleri ve güçlü duygularıyla gerçek hayatına ne olmuştur? Hepsi sanata dönüşmüş ve gerçekten bu kaçışın bedeli astım ile ödenmiştir.

Annesine yazdığı 9 Mart 1903 tarihli mektupta Marcel şöyle diyor: "Ancak mutluluğa dair hiçbir isteğim yok. Ondan çoktan vazgeçtim." (Proust, 1970). Aralık 1903'te ise şöyle diyor: "Ancak en azından geceleri senin isteğine göre bir hayatın planlarını yapıyorum..." ve yine aynı mektupta "Seni mutsuz etmek ve bu atakları yaşamamak yerine atakları geçirmeyi ve seni mutlu etmeyi tercih ederim" diyor. 1902 yılının Aralık ayının başında yazılan bir mektupta yer alan şu bölüm, ahlak ile beden arasındaki çatışmayı gözler önüne serer:

> "Gerçek şu ki, ne zaman kendimi iyi hissetsem, sen her şeyi mahvediyorsun ve yeniden kendimi kötü hissediyorum çünkü bana ferahlık veren bir hayat seni rahatsız ediyor... Ancak senin sevginle benim sağlığımın aynı anda var olamaması üzücü." (a.g.e.)

Proust'un bir Fransız çöreği olan madleni çaya batırışını hatırladığı o meşhur anısı, aslında kendisini annesinin varlığı sırasında güvende hissettiği ender mutlu anlardan birini anlatır. On bir yaşında bir erkek çocuğu olarak bir yürüyüşten ıslanmış, üşümüş olarak dönmüştür ve annesi ona sarılıp sıcak çay ve bir madlen vermiştir. Hiçbir itham, ayıplama yoktur. Anne babasının gerçekten onu isteyip istemediği konusunda emin olmayan çocuğu, muhtemelen doğduğundan beri içinde uyuklayan dehşetli korkulardan bir süre için arındırmak, onun yüreğini hafifletmek için görünüşe göre bu yeterliydi.

Bu gizli korkular, anne babasının sık sık azarlamaları ve eleştirileri ile sürekli yeniden hayat buluyordu. Zeki çocuk şöyle düşünmüş olabilir: "Anne ben senin için bir yüküm. Olduğumdan daha başka türlü olmamı isterdin. Bunu bana sürekli gösteriyorsun ve aynı şekilde bunu çok iyi ifade ediyorsun." Bir çocuk olarak Marcel, bunu sözlü olarak ifade edemiyordu ve korkularının sebepleri herkesten gizli kalıyordu. Odasında tek başına kalır, annesinin sevgisinin bir kanıtını ve neden farklı olmasını istediğine dair bir açıklamayı bekler dururdu. Acı gerçek buydu. Bu acı besbelli fazlasıyla büyüktü ve Proust'un soruları, şüpheleri edebi olarak yorumlanıp damgalanmış ve sanat diyarına sürülmüştü. Marcel Proust, hayatının sırrını çözme fırsatından yoksun kalmıştı. Bence o müthiş romanının başlığındaki "kayıp zamanın" izindeki arayış, hiç yaşamadığı hayatının izlerini arayıştı.

Ne var ki Proust'un annesinin o zamanın ortalama annesinden daha iyi ya da daha kötü olmadığını ve onun da kesinlikle kendine göre oğlunun iyiliği için kaygılandığını söylemek gerekir. Ancak onun anneliğini göklere çıkaran biyografi yazarları korosuyla hemfikir olamam zira onların değerler sistemini kabul etmem imkansız. Örneğin, biri diyor ki annesi, özveri erdeminin olağanüstü bir örneğiydi ve bu erdemi oğluna büyük bir başarıyla geçirmişti. Proust, kendisini hayattaki herhangi bir zevkten, hazdan yoksun bırakmayı annesinden pekala öğrenmiş olabilir, ancak böylesi bir tutumu ne takdire şayan ne de erdemli buluyorum.

Onun ağır bedensel hastalığına yol açan şey, bitmek bilmez bir minnet gösterme zorunluluğu duyması ve annesinin hakimiyetine, kısıtlamalarına herhangi bir direnç gösteremeyişiydi. Marcel Proust'u isyanını bastırmaya zorlayan içselleştirdiği ahlaktı. Kahramanı Jean Santeuil'e söylettiği sözleri annesine söyleyebilmiş olsaydı; astımı olmazdı, boğulacak kadar nefessiz kalma nöbetleri yaşamazdı, hayatının yarısını yatakta geçirmek zorunda kalmazdı ve bu kadar erken ölmezdi. Bu gerçeği annesine yazdığı bir mektupta gayet açık bir şekilde dile getiriyor; onu mutsuz etmektense hasta olmayı tercih edeceğini söylüyor. Hatta bugün bile böylesi ifadeler hiç de az görülmez; yapmamız gereken, böylesi duygusal körlüklerin sonuçlarını açıkça görmektir.

1.7. Duyguları Ayırmanın Üstadı (James Joyce)

James Joyce'un Zürih'te on beş göz ameliyatı geçirmesi gerekmişti. Görmesine ya da hissetmesine izin verilmeyen neydi? Babasının ölümünden sonra, Harriet Shaw Weaver'a 17 Ocak 1932 tarihli mektupta şunları yazmıştı:

> "Babam bana olağanüstü derecede düşkündü. Tanıdığım en ahmak insandı, ancak insafsızca kurnazdı. Son nefesine kadar beni düşündü ve benden söz etti. Ben de ona hep bayılıyordum, kendim bir günahkar olarak onun hatalarını dahi seviyordum. Kitaplarımdaki yüzlerce sayfayı ve karakterleri ona borçluyum. Onun kupkuru (ya da daha ziyade sulu) zekası ve yüz ifadesi, sık sık beni kahkahaya boğardı." (Joyce, 1975)

Babasını idealize ettiği bu portrenin aksine, James Joyce'un, annesinin ölümünden kısa bir süre sonra karısına yazdığı 29 Ağustos 1904 tarihli mektubu da şöyle:

> "Aile evi fikrini nasıl sevebilirim ki? ...Annem, bence babamın kötü muamelesi, yıllar süren sıkıntılar ve benim alaycı dürüstlüğüm yüzünden yavaş yavaş öldü. Tabutta yatarken yüzüne –gri ve kanserden bitmiş yüzüne- baktığım zaman, bir kurbanın yüzüne baktığımı

anladım ve onu bir kurban haline getiren sisteme lanet ettim.[1] Ailede on yedi kişiydik. Erkek ve kız kardeşlerim benim için hiçbir şey ifade etmiyorlar. Yalnızca bir erkek kardeşim beni anlayabiliyor." (a.g.e.)

Bu duygusuz satırların arkasında ne kadar büyük bir acı saklı? On yedi çocuklu bir annenin ve kaba bir alkoliğin en büyük çocuğunun acısı. Bu acı, Joyce'un yapıtlarında ifade bulmaz; onun yerine, parlak ve kışkırtıcı düzyazının yardımıyla onu savuşturduğunu görürüz. Babasının maskaralıklarına, sık sık dayak yiyen çocuk hayran olur ve onları yetişkin bir yazar olarak edebiyata dönüştürür. Romanlarının büyük başarısını, çok fazla sayıda insanın, hem edebiyatta hem de hayatta, bu duygusal savunma biçimini beğenip takdir etmesi gerçeğine bağlıyorum. *Havva'nın Uyanışı*'nda (Evas Erwachen) bu olguyu Frank McCourt'un anılarını yazdığı *Angela'nın Külleri*'ne göndermede bulunarak ele almıştım.

---

1 Sisteme, idealize edilmiş babaya değil! (Alice Miller)

Birinci Bölümün Sonsözü

Benzer kaderleri olan sayısız insan vardır. Ancak şimdiye kadar hayatlarındaki travmaları ele aldığım yazarlar dünyaca ünlüler, bu yüzden onlar hakkında söylediklerimin doğruluğu, yazarların yapıtları ve yaşam öyküleri incelendiğinde teyit edilebilir. Bu yazarların ortak noktası, Dördüncü Emir'e büyük bir sadakatle bağlı olmalarıdır. Hepsi hayatları boyunca anne babalarına –kendilerine tahmin edilemeyecek kadar çok zarar vermiş olsalar da- hürmet etmişlerdir. Ebeveynine saygı gösterme uğruna hakikate ulaşma, kendilerine sadık olma, samimi iletişim, anlayış ve takdir görme arzularını feda etmişlerdir ve bütün bunları sevgi görme ve reddedilmeme umuduyla yapmışlardır. Yapıtlarına sirayet eden hakikat, kendilerinden bağımsızdır. Bu da Dördüncü Emir'in onların sırtlarına yüklediği bir yüktür ve onları inkar zindanına kapatmıştır.

Bu inkar, ağır hastalıklara ve erken ölümlere sebep olmuştur ki bu da Musa'nın, kişinin anne babasına hürmet etmesinin daha uzun yaşayacağı anlamına geldiğini söylediğinde, ne kadar yanıldığının bir başka göstergesidir. Dördüncü Emir gayet açık bir tehdittir.

Elbette, pek çok kişinin, bir zamanlar kendilerine zulmeden anne babalarını idealize etmelerine rağmen, uzun yaşadığı gerçeğini inkar edemeyiz. Ancak bu insanların yalanları ile nasıl uzlaşabildiklerini bilmiyoruz. Çoğu bu sahteliği bir sonraki nesle farkında olmadan aktarmıştır. Bildiğimiz şey şudur; ele aldığımız yazarlar bir noktada kendi gerçeklerinden şüphe etmeye başlamışlardır. Ancak her zaman ebeveynin yanında yer alacak bir toplumda tek başlarına kalan yazarlar, bu inkarı bırakma cesaretini bulamamışlardır.

Bu toplum baskısının ne kadar da güçlü olabileceğini her birimiz kendi başımıza tecrübe edebiliriz. Çocukken annelerinin kendilerine zalimce davrandığını fark edip bu gerçek hakkında açıkça ve dürüstçe konuşan yetişkinler, terapistlerden de herkesten de hep aynı tepkiyi göreceklerdir: "Evet ama o da zor günler geçirdi ve senin için çok şey yaptı. Onu suçlamamalısın; her şeyi siyah-beyaz diye ayırmamalı ve tek taraflı bakmamalısın. İdeal anne baba diye bir şey yoktur" vs. Burada edindiğimiz izlenim şudur; böyle konuşanlar, aslında kendi annelerini savunuyorlardır, konuştukları kişi onlara saldırıyor olmasa da. Toplum baskısı fark edebildiğimizden çok daha güçlüdür. O yüzden bu yazarları ele alışımın, onların cesaretsiz olmalarını eleştirdiğim şeklinde anlaşılmamasını diliyorum. Bunu yaparken daha ziyade kendi içlerinde derinlerde bir yerde bunun farkında olsalar da, kişisel gerçeklerini tek başlarına kabul edemeyen insanların trajedisini onları anlayarak tasvir etmeye çalışıyorum. Bu kitabı, söz konusu yalnızlığı azaltabilme umuduyla yazıyorum. Terapi sırasında yetişkinin, bir zamanlar olduğu o küçük çocuğun yalnızlığıyla yüzleşmesi kesinlikle alışılmış bir şey değildir, nitekim terapinin kendisi de genellikle Dördüncü Emir'in dayattığı şekilde yürütülür.

2. Terapide Geleneksel Ahlak ve Beden Bilgisi

"Çocukluk anılarının olmaması, içinde ne olduğunu bilmediğiniz büyük bir sandığı sürüklemeye mahkum olmaya benzer. Yaşlandıkça sandık ağırlaşır ve onu açmak için daha da sabırsız hale gelirsiniz."

Jurek Becker[2]

---

2 Küçük bir çocukken Jurek Becker, Ravensbrück ve Sachsenhausen toplama kamplarına kapatılmıştı. Ne var ki o dönemlere ait hiçbir şey hatırlamıyor. Bütün hayatını, annesinin ilgisi sayesinde bu kampların dehşetinden kurtulup hayatta kalan küçük çocuğu aramakla geçirdi.

İkinci Bölüme Giriş

Birinci bölümde kaderlerini ele aldığımız yazarların hepsi geçen yüzyılda yaşamışlardı. O zamandan bu zamana ne değişti? Aslında pek bir şey değişmedi, yalnızca çocukluğunda fiziksel ya da "yalnızca" ruhsal olarak suistimal edilenler artık o suistimalin sonuçlarından kendilerini kurtarmak üzere terapi görmeyi seçebiliyorlar. Ne var ki yalnızca kurbanların kendileri değil, terapistler de çocukken başlarına gelen gerçeğe göğüs germe konusunda tereddüt ediyorlar. Aynı şekilde bu özgürleşme süreci, çok ender tamamen başarılı oluyor. Danışanlar, duygularını tam olarak yaşayabilirlerse, belirtiler geçici olarak hafifleyebiliyor. Duygular bilinçli olarak hissedilebilir, bir başkasının yanında ifade edilebilir, bu daha önce mümkün olmasa da. Ancak terapist -Jahwe, Allah, İsa, Komünist Partisi, Freud, Jung vs. dediği- herhangi bir "tanrısal varlığın" (ebeveyn figürünün) hizmetindeyse, danışanlarının gerçek özerkliğe giden yolu bulmaları konusunda onlara yardımcı olması zor olacaktır. Dördüncü Emir'de üstü kapalı olarak yer alan ahlak, her ikisine de hakim olmayı sürdürecek ve beden, bu fedakarlığın bedelini ödeyecektir.

Şu an bu fedakarlığın gereksiz olduğunu, kişinin, kendisini cezalandırmak ya da başkalarına zarar vermek zorunda kalmadan kendisini geleneksel ahlakın ve Dördüncü Emir'in diktasından kurtarabileceğini iddia edersem, bazıları beni saf bir iyimser olmakla suçlayabilirler. Biri hayatta kalması için gerekli kısıtlamalara hayatı boyunca asılı kalmışsa ve bu kısıtlamaların olmadığı bir hayatı düşleyemiyorsa, ona özgürlüğe ulaşılabileceğini nasıl ispat edebilirim ki? Ben de kendi hikayemin en dibine inerek böylesi bir özgürlüğü yakaladığımı söyleyebilirim, ancak iyi bir örnek olmadığımı da kabul etmem gerekir, nihayetinde şu an ulaştığım aşamaya gelmem kırk yıldan uzun sürdü. Ancak başka örnekler de var. Çok daha kısa bir süre içinde anılarını deşmeyi başaran ve kendi hakikatlerini keşfetmenin, sığındıkları tek yer olan sığınaktan çıkmalarını sağladığı insanlar tanıyorum. Benim durumumda ise, seyahatin o kadar uzun sürmesinin sebebi, yol boyunca büyük ölçüde tek başıma olmamdı; ihtiyaç duyduğum yoldaşı yalnızca son aşamalarda arayıp buldum. O yolculuk sırasında kendi hikayelerini arayan başkalarıyla karşılaştım. Kendilerini neye karşı korumaları gerektiğini, onlarda böylesi bir korku yaratan şeyin ne olduğunu, erken yaşlarda onlara yaşatılan bu korkuların ve ağır yaraların bütün hayatlarını nasıl etkilediğini anlamak istiyorlardı. Tıpkı benim gibi, geleneksel ahlakın sınırlamalarına karşı koymaları gerekiyordu. Ancak tamamıyla yalnız değillerdi. Bakabilecekleri kitaplar, aralarına dönebilecekleri topluluklar vardı, bunlar da özgürleşme sürecinde onlara yardımcı oluyordu. Algıları doğrulanınca ve desteklenince, hapsoldukları karmaşadan çıkabildiler ve yavaş yavaş kendi hakikatleriyle yüzleşerek öfkelerini ve korkularını kabul edebildiler.

Henrik Ibsen, bir defasında içinde yaşadıkları toplumun yalancılığından kazanç sağlayan güç sahibi kişilerden söz ederken toplumun payandaları ifadesini kullanıyordu. Kendi hikayelerinin farkına varan ve geleneksel ahlakın yalanlarından kendilerini kurtaranların, gelecekteki bilinç temeli üzerine kurulmuş bir toplumun payandaları olmalarını umuyorum. Bence hayatlarımızın başında başımıza gelenlerin farkında olmadıkça, kültürümüzün bütün dokusu farstan başka bir şey değildir. Yazarlar, iyi bir edebiyat ortaya koymaya çalışırlar. Yaratıcılıklarının bilinçsiz kaynaklarının, onları ifade etmeye ve iletmeye iten sebeplerin farkına varmak için bir çaba göstermezler. Çoğu yazma yeteneklerini kaybedeceklerinden korkar. (Benim gözümde) Yapıtlarında bilinçdışındaki korkularına açıkça göndermede bulunan pek çok ressamda da benzer bir tereddüt var: Francis Bacon, Hieronymus Bosch, Salvador Dali gibi ressamlarda ve sayısız diğer gerçeküstücülerde gördüm bunu. Yapıtlarında gerçekten de iletişim kurmak için bir çaba gösterirler, ancak buna sanat diyerek çocukluklarında yaşadıklarını inkar etmeye hizmet eden bir seviyede yaparlar. Sanatı ve edebiyatı ele alışımızdaki başlıca tabulardan biri, sanatçıların yapıtlarından söz ederken onların yaşam öykülerinin dikkate alınmaması gerektiği ilkesidir. Bence sanatçıların başlarına gelenler, onları bitmez tükenmez şekilde yeni ifade biçimleri aramaya iten şeydir (Miller, 1998b). Olan biten, sanatçı ve toplum tarafından unutulmalıdır, çünkü aksi halde zalimce yetiştirilişin yol açtığı o erken dönemdeki acılar ortaya dökülebilir ve "ebeveyne hürmet etme" emrine uyulmaz.

Toplumun kurduğu neredeyse bütün kurumlar, gerçeklerden kaçışı teşvik eder. Nihayetinde böylesi kurumlar insanlar tarafından yönetilir ve çoğu insan çocukluk sözcüğünü duyunca korkar. Bu korkuyla her yerde karşılaşırız; doktorların, psikoterapistlerin muayenehanelerinde, avukatların yazıhanelerinde, mahkemelerde ve son olarak ancak aynı derecede önemli olan medyada karşılaşırız.

Semtimizdeki kitapçıya en son uğradığımda, satıcı hanımlardan biri çocuk istismarı hakkında bir televizyon programı gördüğünden söz etti. Programda hastanede çalışan bir hemşirenin işlediği suçların da dahil olduğu, aşırı uçlardaki zulüm vakaları ele alınıyordu. Hemşire, gittiği çocuk doktorlarında aşırı ilgili ve sevgi dolu bir anne izlenimi yaratmıştı. Ancak evde kasıtlı olarak çocuklarının hastalanmasına ve nihayetinde ölmesine sebep olan tıbbi preparatlar kullanıyordu. En azından ilk aşamalarda hiç kimse bir cinayetten şüphelenmemişti. Kitapçıdaki hanım, programdaki uzmanların böylesi bir davranışın sebepleri hakkında hiçbir şey söylememelerine kızmıştı. Onun yerine bunun kaderin bir oyunu, Tanrı'nın hiçbir sebep yokken bu ebeveyne ve çocuklara yaşattığı bir şey olduğu ima ediliyordu. "Neden bu uzmanlar gerçeği söylemediler?" diye sordu bana. "Neden böylesi annelerin çocukluklarında çok kötü muamele gördüklerini, yaptıklarının uzun süre önce kendilerine yapılanların tekrarından başka bir şey olmadığını söylemediler?" "Uzmanlar böyle olduğunu bilselerdi, söylerlerdi. Görünüşe göre bilmiyorlar" dedim. Hanım "Ama bu nasıl olur?" diye ısrar etti. "Ben biliyorum ve uzman da değilim. Bütün yapmanız gereken birkaç kitap okumak. Bunu yapmaya başlayınca, çocuklarımla olan ilişkim kökten değişti. O yüzden nasıl bir uzman, böylesi aşırı uçtaki zulüm vakalarının şans eseri az olduğunu ve sebepleri hakkında hiçbir şey söyleyemediğimizi söyler?"

Bu hanımın tepkisi, bir kitap daha yazmanın zamanının geldiğini fark etmemi sağlamıştı. Ne var ki, bunun acılarını hafifletmeyi sağlayabileceğini herkesin anlaması için zaman geçmesi gerekiyordu. Ancak şimdi bile kendi tecrübeleri doğrultusunda bu kitabın söylediklerinin doğruluğunu teyit edebilecek pek çok kişi olduğuna hiç şüphem yok.

Vatikan'ı çocukluğun erken evrelerinde yaşananların önemi konusunda ikna etme çabalarım, hayatlarının en başında samimi, doğal duygularını -bilinçlerinde hiçbir izleri kalmayacak kadar acımasızca- bastırmayı öğrenen erkeklerde ve kadınlarda şefkat duygularını uyandırmanın ne kadar imkansız olduğunu ortaya çıkardı. Başkalarının ne hissettiğine dair duyulan merak bastırılmıştır. Hayatlarının başında fiziksel olarak sakat bırakılan insanlar, kendilerini yalnızca Tanrı'ya dua edebilecekleri bir mahzene hapsetmişlerdir sanki. Bütün sorumluluğu ona bırakırlar ve bu sevgi dolu Tanrı'nın işleyebilecekleri herhangi bir günah yüzünden kendilerini cezalandırmaması için kilisenin bütün kurallarına dikkatle uyarlar.

Saddam Hüseyin'in yakalanmasından kısa bir süre sonra, Vatikan, özgürken bir korku ve nefret nesnesi olan bu vicdansız tirana merhamet gösterilmesi gerektiğini söyleyen ve dünya çapında aniden artan sesleri yönetme konusunda büyük ölçüde etkili olmuştu. Ancak bence -onların yaptıklarını dikkate almamak anlamına gelecekse- tiranlara ilişkin yargılarımızı, bireye gösterilen sıradan merhamet üzerine kurmamalıyız.

Judith Miller ile Laurie Mylroie'nin yazdıkları biyografide (1990) Saddam Hüseyin'in 28 Nisan 1937 yılında doğduğu yazıyor. Tikrit yakınlarında aşırı yoksul bir köylü ailesinde büyümüştü. Kendilerine ait hiçbir mülkleri yoktu. Biyolojik babası o doğmadan ölmüştü. Bir çoban olan üvey babası çocuğu sürekli azarlıyor, ona orospu çocuğu diye sesleniyor, akla gelebilecek en acımasız şekilde onu dövüyor ve ona eziyet ediyordu. Genç Saddam'ın çalışma kapasitesinden yararlanabilmek için, on yaşına kadar onun okula gitmesini yasaklamıştı. Onun yerine geceyarısı onu uyandırır ve sürülere bakmasını söylerdi. Gelişim çağında çocuklar bir dünya imgesi oluştururlar. Zihinlerinde hayatta sahip olmaya değecek değerlere dair fikirler oluşur. Aynı zamanda bazı şeyleri arzu etmeye ve onların karşılandığını hayal etmeye başlarlar. Üvey babasının kölesi olan Saddam için, bu arzular tek bir şeyin etrafında dönüp duruyordu: Başkalarının üstünde sınırsız güç. Muhtemelen beyninde yalnızca üvey babasının onun üstünde sahip olduğu gücün aynısına başkalarının üzerinde sahip olarak, kökten yoksun kaldığı insanlık şerefini, haysiyetini tekrar kazanabileceği fikri oluştu. Çocukluğu boyunca başka hiçbir ideali, benimseyebileceği hiçbir örnek yoktu, yalnızca her şeye gücü yeten üvey babası ve ona dayatılan dehşetin savunmasız kurbanı olan kendisi vardı. Yetişkinliğinde yönettiği ülkenin yapısını düzenleme örüntüsü de bununla aynı doğrultudaydı. Bedeni şiddet dışında hiçbir şey bilmiyordu.

Her diktatör, çocukluğunda yaşadığı acıları inkar eder ve megalomanisine teslim olarak onları unutmaya çalışır. Ancak bireyin bilinçdışı, bedeninin hücrelerine yaşam öyküsünü tamamıyla kaydettiğinden, bir noktada bireyi gerçekle yüzleştirir. Emrindeki muazzam maddi kaynaklara rağmen, Saddam, bir çocuk olarak her türlü desteğin kendisinden esirgendiği ve gerçek bir korunma sağlayamayacak çok tehlikeli bir yere, doğduğu yere yakın bir yere sığınmıştı. Saklanmak için bu yeri seçmesi, çocukluğunun bu umutsuz halini yansıtır ve tekrar dürtüsünün ne kadar güçlü olduğunu açıkça ortaya koyar. Çocukluğuna bu dönüş, hiçbir kaçma şansının olmadığı bir yere dönüştü.

Bir zorbanın kişiliğinin hayatı boyunca değişmeyeceğine, herhangi bir dirençle karşılaşmadığı sürece gücünü yıkıcı bir şekilde kötüye kullanacağına dair kesin kanıtlar vardır. Gerçek hedefi, bütün bilinçli hareketlerinin altında yatan bilinçdışı hedefi aynı kalır: Çocukluğunda maruz kaldığı ve o zamandan beri inkar ettiği bütün aşağılanmaları ortadan kaldırmak, gizlemek için gücünü kullanmak. Ancak bu amaca asla ulaşılamaz; kişi, geçmişin acılarını inkar ettiği sürece geçmiş silinemez ve geçmişle uzlaşılamaz. Aynı şekilde, bu hedefe ulaşmaya çalışan bir diktatörün çabaları, başarısız olmaya mahkumdur. Tekrar dürtüsü kendisini hep yeniden gösterecektir. Hep yeni kurbanlar, bedeli ödemek zorunda kalacaktır.

Hitler, kendi davranışlarıyla dünyaya babasının nasıl bir insan olduğunu ve çocukken ondan çektiklerini göstermiştir: Yıkıcı, merhametsiz, gösteriş budalası, acımasız, kibirli, sapkın, kendini beğenmiş, basiretsiz ve aptaldı. Farkında olmadan babasının teşkil ettiği örneğe sadıktı ve onu taklit ediyordu. Aynı sebepten ötürü Stalin, Mussolini, Çavuşesku, İdi Amin ve Saddam Hüseyin gibi diktatörler çok benzer bir şekilde hareket ediyorlardı. Saddam'ın yaşam öyküsü, çocuklukta aşırı derecede aşağılanmanın, acısını ileride binlerce kurbandan nasıl çıkardığına dair çarpıcı bir örnektir. Bu gerçeklerden ders çıkarmayı reddetmek anlamsız olabilir, ancak bu reddin sebeplerini belirlemek zordur.

Vicdansız bir zorba, çocukken dövülmüş ancak kendi babalarını bu yüzden asla suçlayamamış insanların bastırılmış korkularını ve kaygılarını harekete geçirir. Böylesi insanların, onlardan gördükleri eziyetlere rağmen babalarına sadakatleri asla şaşmaz. Her zorba, böylesi bir babayı, suistimal edilen çocukların varlıklarının her bir hücresiyle bağlı kaldıkları ve körlüklerini sürdürerek bir gün onu sevgi dolu bir ebeveyne dönüştürebileceklerini umdukları bir figürü simgeler.

Bu umut, Katolik Kilisesi'nin temsilcilerinin Hüseyin'e merhamet göstermelerinin sebebi olabilir. Bazı kardinallerden yardım istemiş, Vatikan'a çocukken dayak yemenin ilerideki etkilerini sunmuş ve oradaki yetkililerden genç anne babaları bu konu hakkında aydınlatmak için ellerinden geleni yapmalarını istemiştim. Söylediğim gibi, bu ricayla yaklaştığım kardinallerden biri bile, bütün dünyanın yok saydığı ancak çok önemli olan fiziksel olarak suistimal edilen çocukların durumuna en ufak bir ilgi dahi göstermedi. Bu konuyla bağlantılı olarak herhangi bir Hıristiyan yardım kurumunun ilgisiyle karşılaşmadım. Ne var ki, bugün aynı temsilciler, aslında merhamet, şefkat gösterebildiklerini göstermek için hevesliler. Ancak önemli olan bir şey var, o da bu şefkat, kötü muamele görmüş çocuklara ya da Saddam'ın kurbanlarına değil, Saddam'ın kendisine yani korkulan despotun simgelediği vicdansız baba figürüne gösteriliyor.

Kuraldır, yardımcı olan bir şahit tarafından asla destek görmemiş, dövülmüş, eziyet görmüş ve aşağılanmış çocuklar, ileride ebeveyn figürlerinin ettiği zulme çok fazla hoşgörü gösterir ve insanlıkdışı bir muameleye maruz kalmış çocukların yaşadıkları acılara dikkat çekici derecede kayıtsız kalırlar. Kendilerine söylenmesini istedikleri en son şey, kendilerinin de bir zamanlar aynı topluluğa ait olduklarıdır. Kayıtsızlık, gözlerini gerçeğe açmalarını engellemenin bir yoludur. Böylece insancıl niyetlerinden ne kadar emin olsalar da, kötülüğün savunucusu haline gelirler. Erken bir yaştan itibaren gerçek duygularını bastırmak ve yok saymak zorunda kalmışlardır. Bu duygulara değil de, yalnızca anne babalarının, öğretmenlerinin ve kilise görevlilerinin dayattığı kurallara güvenmeye mecbur kalmışlardır. Yetişkin hayatlarında karşı karşıya kaldıkları görevler, onlara -ne kadar yıkıcı ve tehlikeli olsa da, babaya merhamet etmeyi şart koşan ve içinde yaşadıkları ataerkil değer sistemine tam olarak uyan duygular olmadığı sürece- kendi duygularını algılama zamanı tanımaz. Bir zorbanın suç dosyası ne kadar kabarık ise, hayranlarının kendi çocukluklarının acılarına erişim yolları kapalı olduğu sürece, hoşgörüye o kadar çok güvenebilir.

2.1. Çocuk Suistimaline Aşina Olmak

Birkaç yıldır internet üzerindeki "Çocukluğumuz" başlıklı forumlarımıza gönderilen notları okuduğumda, beni arka arkaya sarsan bir şey oldu: Yeni gelenlerin çoğu, forumu ziyaret ettikleri zaman, çocukluklarında aslında hiç suistimal edilmedikleri için doğru yere gelip gelmedikleri konusunda ciddi şüphe duyduklarını yazmıştı. Burada yazılan acıları görünce dehşete düşüp –ara sıra dayak yemiş, hor görülmüş ya da başka türlü aşağılanmış olsalar da- forumdaki pek çok katılımcıya yaşatılan zulme benzer hiçbir şey yaşamadıklarını söylüyorlardı. Ne var ki, yeni gelenler zaman içinde kendi anne babalarının sarsıcı davranışlarından, hiçbir şüphe olmadan suistimal olarak sınıflandırılabilecek ve başkaları tarafından da öyle değerlendirilen davranışlarından söz etmeye başlıyorlardı. Çocuk olarak yaşadıkları acıyı gerçekten hissetmeleri için zamana ihtiyaçları vardı. Diğer katılımcıların da onların duygularını paylaşması sayesinde, gerçek duygularını yavaş yavaş kabul edebiliyorlardı.

Bu olgu, çocuk istismarı ve çocuklara uygulanan zulüm konusunda bütün dünyanın benimsediği tutumun bir yansımasıdır. Böylesi bir davranış, en iyi durumda, yalnızca niyetleri iyi olmasına rağmen, zaman zaman bir çocuk yetiştirmenin yükünün altında ezilen anne babaların istemeden itibarlarını yitirmesi olarak görülür. Aynı şekilde, işsizlik ya da aşırı çalışma, bir babanın çocuğuna tokat atması için bir sebep olarak gösterilir ya da evlilikten kaynaklanan gerilimler, bir annenin çocuklarını, kırılana kadar giysi askısıyla dövmesinin sebebi olarak gösterilir. Böylesi saçma açıklamalar, benimseyip ona uygun yaşadığımız ahlakın meyveleridir, her zaman yetişkinlerin tarafını tutan ve çocukların yapabildikleri kadar kendi başlarının çaresine bakmaları için bırakan bir sistemdir bu. Bu açıdan bakınca, elbette çocukların çektikleri sıkıntıları, acıları olduğu gibi algılamak imkansızdır. Beni, insanların yaşadıklarını anlatabilecekleri ve zaman içinde küçük bir çocuğun toplumun desteğinden yoksun kaldığı sürece çektiklerini ortaya koymasını umduğum bu forumları kurmaya yönlendiren, bu durumun farkına varmak olmuştur. Bu raporlar, nefretin aşırı uçtaki bir şeklinin nasıl evrilebileceğini ortaya koyar. Bu duygu o kadar güçlüdür ki, aslında masum olan çocuklar, yetişkin hale gelince bir delinin çılgınca hayallerini gerçeğe dönüştürebilirler. Çocuklar, soykırım gibi korkunç bir şeyi bir yere koyabilir, beğenebilir, destekleyebilir, savunabilir ve sonunda unutabilir.

Ne var ki, normal çocukların canavarlara dönüşmesine katkıda bulunan çocukluk örüntülerini, istismarı ve aşağılanmayı sorgulamak, hâlâ toplumun ihmal ettiği bir meseledir. Öfke ve hiddet duygularını kendilerine yönelten ve bu sebepten ötürü hastalanan bu canavarların ve insanların tek bir ortak noktaları vardır: Bir zamanlar kendilerine çok ağır biçimde kötü davranan anne babalarından gelen herhangi bir suçlamayı savuşturururlar. Gördükleri muamelenin kendilerine ne yaptığını, bundan ne kadar çektiklerini bilmezler. Her şeyden önce bilmek istemezler. Bunu faydalı bir şey, kendi iyilikleri için yapılmış bir şey olarak görürler.

Kendi kendine terapi kılavuzları ve terapiyle ilgili kapsamlı literatür, aynı hikayeyi anlatır. Kesinlikle çocuğun tarafında olan bir yazarla nadiren karşılaşırız. Okurlara kurban rolünden çıkmaları, hayatlarında kötü giden şeyler için başkalarını suçlamayı bırakmaları, kendilerine karşı dürüst olmaları tavsiye edilir. Kendilerini geçmişten kurtarmalarının ve anne babalarıyla iyi bir ilişki sürdürmelerinin tek yolunun bu olduğu söylenir. Bence böylesi bir tavsiye, zehirli pedagojinin ve geleneksel ahlakın çelişkilerini içerir. Çok tehlikelidir de, çünkü bir zamanlar kurban olan kişileri, karmaşa ve ahlaki belirsizlik içinde bırakma olasılığı yüksektir; böylece söz konusu bireyler, bütün hayatları boyunca gerçek yetişkinliğe asla erişemeyebilirler.

Yetişkinlik, hakikati artık inkar etmemektir; bastırılmış acıları hissetmek, bedenin duygu seviyesinde hatırladığı hikayeyi bilinçli olarak kabul etmek ve bastırmak yerine o hikayeyi birleştirmek demektir. Ebeveynle temasın gerçekten sürdürülüp sürdürülemeyeceği, her bir vakanın koşullarına bağlı olacaktır. Kesinlikle şart olan, çocukluktaki *içselleştirilmiş* ebeveyne karşı duyulan zararlı bağlılığının sona erdirilmesidir. Bu bağlılığa sevgi desek de, aslında bu adı kesinlikle hak etmez. Minnet, merhamet, beklenti, inkar, yanılsama, itaat, korku ve ceza beklentisi gibi farklı öğelerden yapılmıştır.

Kendime defalarca sordum; terapi neden bazıları için işe yarıyor da bazıları yıllarca süren analize ya da terapiye rağmen, belirtilerin mahkumu olmayı sürdürüyor. İncelediğim her bir vakada, insanların kendi hikayelerini keşfetmelerini ve anne babalarının davranışlarına karşı duydukları öfkeyi özgürce ifade edebilmelerini sağlayan terapi ve yoldaşlık türünü buldukları zaman, kötü muamele gören çocuğun yıkıcı bağlılığından kendilerini kurtarabildiklerini gördüm. Yetişkin olarak hayatlarını kendi ellerine alabilmişlerdi ve anne babalarından nefret etmeleri gerekmiyordu. Bunun tam tersi, affetmenin iyileştirici ve şifa verici bir etkisinin olabileceğine inanan terapistlerinin kendilerine affetmeyi ve unutmayı tembih ettiği insanlarda görülüyordu. Anne babalarını sevdiklerine inanan, aslında içselleştirdikleri ebeveyninin hayatları boyunca kendilerini idare etmesine izin veren ve sonunda erken ölüme sebep olan bir hastalık yaşayan küçük çocuklar olarak hapsolmuşlardı. Böylesi bir bağlılık, bastırılmasına rağmen, *canlı olan bir nefreti* besler ve öfkelerini masum insanlara yöneltmelerine sebep olur. Tamamıyla güçsüz hissettiğimiz sürece yalnızca nefret ederiz.

Bu iddiayı teyit eden yüzlerce mektup aldım. Çeşitli alerjilerden muzdarip olan yirmi altı yaşındaki Paula, çocukken ne zaman amcasını ziyarete gitse, onun cinsel tacizine uğradığını, ailesinin diğer üyeleri oradayken dahi utanmadan memelerini okşadığını yazmıştı. Aynı zamanda bu amca, ailede kıza herhangi bir ilgi gösteren tek kişiydi. Hiç kimse onu korumamış ya da savunmamıştı. Anne babasına şikayet ettiğinde ise, ona izin vermesi gerektiğini söylemişlerdi. Onun yanında durmak yerine, olayın bütün sorumluluğunu çocuğa yıkmışlardı. Amcası kansere yakalandığı zaman Paula, bu ihtiyarın kendisinde yarattığı öfke ve tiksinti duygularından ötürü onu ziyaret etmeyi reddetti. Ancak terapisti, Paula'yı daha sonra bu itirazından pişmanlık duyacağına ve böylesi zor bir zamanda ailesine karşı düşmanlık beslemesinin bir anlamı olmayacağına ikna etti. Zira bunun ona bir faydası olmayacaktı. Paula böylece samimiyetle hissettiği nefret duygularını yutarak onu ziyaret etti. Şaşırtıcı bir şekilde, amcası öldüğü zaman, Paula'nın duyguları tamamıyla değişti. Merhum amcasına karşı bir sevgi hissetti. Terapist, Paula'nın yaptığından memnuniyet duydu, Paula da memnun oldu: Sevgi, öfkesine galip gelmiş ve onu alerjilerinden kurtarmıştı. Ancak aniden ağır bir astım geçirdi ve bu yeni hastalığının sebebini kesinlikle anlayamadı. İçindekileri temizlemiş, amcasını affetmiş ve ona karşı herhangi bir kini kalmamıştı. Peki bu ceza neyin nesiydi? Bu hastalığın ortaya çıkışını, daha erken dönemde hissettiği öfke ve kızgınlık duygularının intikamı olarak yorumladı. Sonra benim bir kitabımı okudu ve yaşadığı hastalık bana yazması için onu harekete geçirdi. Amcasına "sevgi" duymayı bırakır bırakmaz astımı yok oldu. Zira bu sevginin değil, itaatin göstergesiydi.

Bir başka hanım da yıllar süren psikanalizden sonra, bacaklarında hiçbir doktorun açıklama getiremediği ağrılar olmasından dolayı hayretler içindeydi. Sonunda doktorları bu ağrıların ruhsal bir sebebi olabileceğini kabul etmek zorunda kaldılar. Analiz seanslarında yıllardır babası tarafından cinsel tacize uğradığı yönündeki sözde hayali üzerinde çalışıyordu. Analistinin bunların gerçek anılar değil de, hayal ürünleri olduğu yönünde söylediklerine her şeyden çok inanmak istiyordu. Ancak bütün bu spekülasyonlar, onun neden bu acıları çektiğini anlamasını kesinlikle sağlamıyordu. Tedaviyi nihayet sona erdirince bacaklarındaki ağrılar birden geçti. İçinden çıkamadığı bir dünyada yaşadığının bir işaretiydi bu ağrılar. Analistinden ve onun yanlış ve yanıltıcı yorumlarından kaçmak istiyordu ancak cesaret edemiyordu. Bacaklarındaki ağrılar, bir süre için onun kaçma ihtiyacını engelleyebildi, ta ki analizi sona erdirme ve ondan bir fayda beklememe kararını verene kadar onu durdurabildi.

Burada tasvir etmeye çalıştığım ebeveyn figürlerine duyulan bağlılık, çocuklarını yaralayan anne babalara duyulan bağlılıktır. Kendimize bir faydamızın dokunmasını engelleyen bir bağlılıktır bu. Çocuğun tatmin edilmemiş doğal ihtiyaçları, sonrasında terapistlere, eşlere ya da kendi çocuklarımıza yöneltilir. Bu ihtiyaçların gerçekten görmezden gelindiğine, hatta muhtemelen onları bastırmak zorunda kalacağımız şekilde anne babalarımız tarafından ayaklar altına alındığına inanamayız. İlişki kurduğumuz başka insanların nihayet aradığımız şeyi bize verebileceğini, bizi anlayacağını, destekleyeceğini, bize saygı duyacağını ve hayatın getirdiği zor kararlardan bizi kurtaracağını umarız. Bu beklentiler, çocuklukta yaşanan gerçeğin inkar edilmesiyle beslendikçe, onlardan kurtulamayız. Daha önce de söylediğim gibi, iradeyi başkasına bırakamayız. Ancak kendi gerçeğimizle yüzleşme kararlılığını gösterirsek, bunlar zaman içinde yok olacaklardır. Kolay değildir bu, neredeyse her zaman acı vericidir, ancak mümkündür.

Forumlarda sıklıkla bazı insanların -ebeveyni tanımasalar ve tepkileri tamamıyla söz konusu insanın anlattıklarına dayalı olsa da, gruptaki başka insanlar anne babalarının yaptıkları yüzünden öfkelendikleri zaman- rahatsız olduklarını gözlemleriz. Ancak birinin ebeveyninin yaptıklarından şikayet etmesi ile o meseleye dair gerçeklerin tamamıyla ciddiye alınması farklı şeylerdir. İlki küçük çocuğun cezalandırılma korkusunu tetikler. Bu yüzden, pek çok kişi erken döneme dair algılarını bastırmayı, asıl gerçekle yüzleşmekten kaçmayı, anne babalarının yaptıklarını mazur görmeyi ve affetme fikrine razı olmayı tercih eder. Ancak bu tutum, yalnızca çocukluğumuzdan beri beslediğimiz beyhude beklentileri kalıcı hale getirir.

İlk analizime 1958 yılında başladım ve geriye dönüp baktığımda, analistimin geleneksel ahlaktan çok fazla etkilendiğini görüyorum. Bu gerçeğin farkına varamamıştım, zira ben de aynı değerler sistemiyle büyümüştüm. Elbette bir çocuk olarak istismar edildiğimi keşfetme imkanım olmadığı anlamına geliyordu bu. Bu gerçeğin farkına varmam için, aynı şeyi kendi de keşfetmiş, toplumumuzda yaygın olan çocuk istismarına dair inkar geleneğini artık benimsemeyen bir şahide ihtiyacım vardı. Bugün, kırk yıldan uzun bir süre sonra, bu tutum hâlâ kendisini gösteriyor. Çocukların tarafında olduğunu iddia eden terapistler, normalde kesinlikle farkında olmadıkları düzeltici, ıslah edici bir tutumu açığa vururlar çünkü bu gerçek üzerinde asla kafa yormamışlardır. Böylesi pek çok terapist kitaplarımdan alıntılar yapsa ve danışanlarını –başkalarının taleplerine uyum sağlamak yerine- kendilerine karşı adil olmaya teşvik etseler de, yazdıklarını okuyan biri olarak verdikleri nasihatin samimiyetle uygulanamayacağını hissediyorum. Kişisel tarihin bir sonucu olarak tasvir ettiğim şey, düzeltilmesi gereken bir kişilik kusuru olarak ele alınır: "Kendimize saygı duymamız, kendi niteliklerimize değer vermemiz" vs. söylenir. İnsanların kendilerine olan saygılarını yeniden kazanmalarını sağlamak için tasarlanmış öğütler vardır. Ancak zihinlerindeki engeller bu öğütlere direnir. Bence kendilerine saygı duyamayan, değer veremeyen, yaratıcılıklarını özgürce ifade edemeyen insanlar bunu isteyerek yapmıyorlar. Bu engeller, her insanın kendi hikayesinin birer sonucudur. Nasıl o hale geldiklerini anlamak istiyorlar, sonra o hikayeyi mümkün olduğunca açık ve net bir şekilde öğrenmeleri ve onunla duygusal bir bağ kurmaları gerekiyor. Bu gerçeği anlar anlamaz ve hikayenin etkilerini (yalnızca zihinsel olarak kavramak değil de) tam olarak hissedebildikleri an, başka bir nasihate, öğüde ihtiyaçları kalmayacaktır. Sonrasında bu yetişkinlerin ihtiyaç duyduğu şey, onları kendi gerçeklerine götürecek yolda onlara eşlik edebilecek, nihayet hep istedikleri ancak hep mahrum bırakıldıkları şeyleri –kendilerine güveni, saygıyı ve sevgiyi- gösterecekleri bir sürece başlamalarına yardımcı olan aydınlanmış bir şahittir. Anne babamızın çocukken bizi mahrum bıraktığı şeyi bir gün bize vereceklerine dair beklentimizden vazgeçmemiz gerekir.

Çok az insanın bu yola çıkmasının, çoğu insanın terapistlerinin nasihatleriyle yetinmesinin ya da dini kavramların onları kendi hakikatlerini keşfetmekten alıkoymasına izin vermesinin sebebi işte budur. Daha önce bütün bunlardaki belirleyici etmenin korku olduğunu öne sürmüştüm. Ancak çocukluktaki istismara dair gerçekler, toplumumuzda bir tabu olmaktan çıktığı zaman bu korkunun azalacağına da inanıyorum. Böylesi bir istimarın kurbanları, içlerinde yaşamayı sürdüren çocuğun duyduğu korku yüzünden, şimdiye kadar bu istismarın varlığını inkar ettiler. Böylece her yere nüfuz eden hakikatin inkarına katkıda bulundular. Ancak eski kurbanlar, başlarına geleni ortaya dökmeye başladıkları zaman, terapistler de bu gerçekleri görüp kabul etmek zorunda kalacaklar. Kısa bir süre önce Almanya'da meşhur bir psikanalist, çalışmaları sırasında çocuk istismarı kurbanlarına nadiren rastladığını açıkça ifade etti. Bu çok şaşırtıcı bir ifade; zira ben, psikolojik belirtiler gösterip de bunlar için tedavi görenler arasında çocukken en azından dayak yememiş ve aşağılanıp hor görülmemiş tek bir kişi dahi tanımıyorum. Binlerce yıldır meşru bir çocuk büyütme yöntemi olarak görülmesine rağmen, böylesi bir muameleye ben bedensel *ve* ruhsal istismar derim. Bu bir tanım meselesinden ibaret olabilir, ancak bu durumda tanım belirleyici unsurdur.

2.2. Duyguların Atlıkarıncasında

Bir süre önce çocuklar için bir atlıkarıncanın yanından geçiyordum ve biraz durup küçük çocukların eğlencesini seyrettim. Çoğu iki yaş civarında olan çocukların yüzleri genellikle haz ve neşe duygularını yansıtıyordu. Ancak bazı yüzlerden, hiç kimsenin onları koruyamayacağı bir hızda dönüp durmaktan dolayı hissettikleri korkuyu seçmek mümkündü. Bu korku, kendi küçük arabalarının direksiyonunda, şoför koltuğunda oturacak kadar büyük olmanın verdiği gururla karışıktı. Muhtemelen başka korkular da vardı: Bundan sonra ne olacağına dair merak ve annem ve babam şimdi nerede endişesi. Bütün bu duyguların farklı zamanlarda kendilerini nasıl ortaya koyduklarını görebiliyordum. Böylesi beklenmedik bir hareketin yarattığı heyecanın karşısında nasıl ifade edildiklerini de gözlemledim. Oradan ayrılınca iki yaşındaki küçücük bir çocuğun zihninden, bedeni, yetişkinlerin cinsel ihtiyaçlarını karşılamak için kullanıldığında tam olarak ne geçtiğini düşündüm. Böylesi bir düşünceye ne sebep olmuştu? Belki de çocukların yansıttığı zevk ile karışık güvensizlikten doğan bir gerilim sezmiştim. Böylesi bir hızda dönüp durmak, bedenlerine yabancı, alışmadıkları, korkutucu bir şey olarak gelmiş olabilir. Atlıkarıncadan indikleri zaman, yüzleri endişeli ve şaşkındı; hepsi anne babalarına sıkıca tutunmuştu. Belki de bu yaşta bu tür bir hazzın doğal olmadığını, bu kadar küçük çocukların zihinlerine ya da ruhlarına gerçekten uygun olmadığını düşündüm. Atlıkarınca operatörünün para kazandığı suni bir zevk kaynağıydı. Bu düşünce, beni küçük bir kız çocuğunun cinsel olarak istismar edildiğinde ne hissettiğini sorgulamaya yöneltti: Peki annesi, kendi çocukluğunda başında gelen şey yüzünden bütün şefkatini kendi kızından esirgediği ve kızını reddettiği için, ona çok az dokunuyorsa ne olur? O zaman o kız çocuğu, şefkate o kadar açtır ki acil bir ihtiyacın karşılanması olarak neredeyse her türlü fiziksel temasa minnet duygusuyla yaklaşacaktır. Ancak çocuk, bedeni bir mastürbasyon uyaranı ya da yetişkin gücünü ifade etmenin bir aracı olarak kullanılıyorsa, gerçek doğasının, samimi iletişime ve fiziksel şefkate olan özleminin aslında babası tarafından istismar edildiğini belli belirsiz de olsa sezecektir.

Bu küçük kız çocuğu, kendi benliğine ihanetin, karşılanmamış vaatlerin karşısında hissettiği hayal kırıklığı, keder ve öfke duygularını bastıracaktır. Belki de babasına bağlanmaya devam edecektir çünkü bir gün bu ilk okşamalardaki vaadi telafi edip çocuğun haysiyetini iade edeceği ve ona sevginin gerçekten ne olduğunu göstereceği umudundan sıyrılamayacaktır. Çünkü o çocuğun yakınındaki başka hiç kimse ona böylesi bir sevgi vaadinde bulunmamıştır. Ancak bu umut, yıkıcı olabilir.

Yetişkinlikte bu kız çocuğu pekala kendisine zarar verebilir ve yalnızca kendi canını acıtarak haz duygusuna ulaşabileceği için terapi görmek zorunda kalabilir. Aslında kendi canını acıtmak, herhangi bir şey hissetmesinin tek yoludur, çünkü babasının istismarı, kendi duygularını neredeyse tamamıyla öldürmesine ve artık herhangi bir duygusunun kalmamasına sebep olmuştur. Bunun bir başka yansıması da, böylesi bir kabus yaşayan bir kadın, genital egzamadan şikayet edebilir. Alman yazar Kristina Meyer, *Çifte Sır* (Das doppelte Geheimnis) adlı kitabında bu durumu tarif etmiştir. Bir psikanalistten yardım isteyince, çok açık bir biçimde çocukluğunda babasının cinsel istismarına uğradığını ortaya çıkaran çeşitli belirtiler göstermişti. Analisti hemen bundan şüphelenmemişti, ancak en azından Kristina'ya babasının zalimce, acımasızca tecavüz etmesi hikayesini bastırmasından açıklamasına kadar olan yolda büyük bir özenle eşlik etmişti. Bu süreç, titiz bir analitik ortamda altı yıl sürmüştü ve ardından grup terapisi ve beden terapisi gelmişti.

Analist, genital egzamanın çocuğun bedeninin suistimal edilmesinin bir göstergesi olduğunu en başında kabul edebilseydi, süreç muhtemelen daha kısa sürerdi. On altı yıl önce bunun mümkün olmadığı aşikardır. Kristina tutumunu sorguladığı zaman, analist iyi işleyen bir analiz ilişkisi kurulmadan bu bilgiyle yaşamaya devam edemeyeceğini söyledi.

O zaman belki ben de aynı şeye inanabilirdim. Ancak sonraki tecrübelerime dayanarak, istismar edilmiş bir çocuğa, açıkça gördüğünü söylemenin ve koşulsuz olarak onun yanında olmayı teklif etmenin asla çok erken olamayacağına inanıyorum. Kristina Meyer, kendi hakikatini bulmak ve onunla yüzleşmek için inanılmaz derecede bir cesaret göstererek mücadele etmişti ve kapıldığı karanlıktan çıkması için en başından beri kılavuzluk edilmeyi hak etmişti. Analistinin onu kollarına alıp teselli ettiği anı defalarca rüyasında görmüştü. Ancak analisti, ilkelerine sadık kaldı ve asla Kristina'nın zararsız isteğini yerine getirmedi. Bu isteği yerine getirseydi, Kristina'ya önemli bir mesaj verebilirdi: Başka birinin sınırlarına tamamıyla saygı duyan ve bu dünyada yapayalnız olma duygusunu hafifleten sevgi dolu sarılmalar da vardır. Bugün her türlü beden terapisinin mevcut olduğu bir zamanda, hastasının trajedisini tamamıyla ve şiddetli bir biçimde hissedebilen bir analistin böylesi bir arzuyu yerine getirmeyi inatçı bir biçimde reddetmesi tuhaf görünebilir. Ne var ki psikanaliz açısından bakıldığında, bu anlaşılabilirdir ve yalnızca kurallara uymak anlamına gelir.

İşte bu noktada bölümün başında sözünü ettiğim atlıkarınca imgesine geri dönmek isterim. Benim gözümde atlıkarıncadaki küçük çocukların yüzlerinde yalnızca haz değil, aynı zamanda korku ve huzursuzluk da olduğunu söylemiştim. Ensest bir durumla kıyaslamam evrensel bir iddia taşımaz, aniden aklıma gelen bir fikirdi. Ancak çocuklar ve yetişkinler olarak, sık sık çelişkili duygulara maruz kaldığımız gerçeği ciddiyetle ele alınmalıdır. Küçük çocuklar olarak, kendi duygularını hiç netleştirmeye çalışmamış yetişkinlerle baş etmemiz gerekiyorsa, aşırı derecede rahatsızlık veren bir kaos türüne maruz kalabiliriz. Bu karmaşa ve belirsizlik duygularından kaçmak için, bastırma ve çözülme mekanizmasını harekete geçiririz. Anne babalarımızdan korkmayız; onları sever, onlara güvenir, onların beklentilerine göre yaşamaya çalışırız ki bizden memnun olsunlar. Ancak daha sonra yetişkinlikte bu korku yeniden kendisini ortaya koyar, sıklıkla da seçtiğimiz eşlerle bağlantılı olarak ortaya çıkar. Bunu anlamamız imkansızdır. Burada çocuklukta olduğu gibi, karşımızdakinin çelişkilerini tek bir söz dahi etmeden kabul etmekten daha çok hiçbir şeyi istemeyiz, çünkü sevilmek isteriz. Ancak beden kendi hakikatini ortaya koyar ve cinsel istismara uğramış bir çocuğun öfkesini, korkusunu, gazabını ve dehşetini görmezden gelmeye ya da inkar etmeye devam edersek belirtiler göstermeye başlarız.

Çocuklukta yaşadıklarımızla bugün arasındaki bağlantıyı görmezden gelirsek, ne kadar uğraşırsak uğraşalım bu yaşantıları asla yerli yerine oturtamayız. Bize verilen zararı, hasarı ancak mevcut bağımlılıktan kurtulursak onarabiliriz ve bu da erken dönemdeki bağımlılığın etkilerini saptamak ve çözmek anlamına gelir. Bir örnek verelim: Bir ensest mağduru olan orta yaşlı Andreas yıllarca aşırı kilodan muzdaripti ve üzüntü verici bu belirtinin çocukken ona zulmeden otoriter babasıyla olan ilişkisiyle bağlantılı olduğunu düşünüyordu. Ancak duruma hakim olamamıştı. Kilo vermek için yapabileceği her şeyi yapmış ve doktorunun bütün dediklerini yerine getirmişti. Çocukluğunda babasının bulunduğu davranışlara yönelik bir öfke dahi hissedebilmişti. Ancak bunların hiçbirinin faydası olmamıştı. Andreas'ın ara sıra öfke patlamaları olurdu; istemese de çocuklarını azarlar ve yine istemeden eşine avazı çıktığı kadar bağırırdı. Sakinleşmek için alkole başvuruyordu, ancak kendisini alkolik olarak görmüyordu. Ailesine iyi davranmak istiyordu ve şarap şiddetli öfkesini yatıştırmasını ve hoş duygular hissetmesini sağlıyordu.

Görüşmelerimizin birinde Andreas, laf arasında anne ve babasını her istediklerinde evine uğramaktan vazgeçiremediğinden söz etti. Geleceklerini söylemek için asla önceden telefon etmiyorlardı. Bu alışkanlıktan vazgeçmelerini hiç isteyip istemediğini sordum. Hemen atıldı, defalarca önceden haber vermelerini istediğini, ancak söylediklerini dikkate almadıklarını söyledi. İstedikleri zaman gelebileceklerini hissediyorlardı, çünkü ev onlarındı. Şaşırdım, neden onun evinin kendilerine ait olduğunu söylediklerini sordum. Andreas, aslında onlara ait bir evde kiracı olarak oturduğunu ve kira ödediğini söyledi. Aynı fiyata hatta biraz daha fazlasına başka bir ev kiralayıp kiralayamayacağını sordum. Nihayetinde bu durum, onlardan bağımsız olmasını sağlayacaktı ve istedikleri zaman eve uğramalarını ve zamanını almalarını engelleyecekti. Gözleri fal taşı gibi açıldı. Daha önceden böylesi bir olasılığı hiç düşünmediğini söyledi.

Bu kulağa şaşırtıcı gelebilir ancak bu adamın hâlâ onu sarmalayan ebeveyninin isteğine, gücüne ve otoritesine boyun eğmek zorunda kaldığı ve onlar tarafından reddedilme korkusu nedeniyle hiçbir çıkış yolu bulamadığı çocuksu bir duruma hapsolduğu görülürse, bu daha az şaşırtıcı olacaktır. Bu korku hâlâ onun elini ayağını bağlıyordu. Bir yeme düzenine bağlı kalmak için elinden geleni yapsa da hâlâ aşırı derecede fazla yemek yiyordu. Doğru "beslenmeye" yani anne babasından bağımsız olmaya ve kendi sağlığını sıhhatini sağlamaya yönelik ihtiyacı o kadar güçlüydü ki, ancak uygun şekilde karşılanabilirdi, fazla yiyerek değil. Yemek, asla özgürlüğe duyduğu açlığı tatmin edemez. Kişinin istediği kadar yiyip içme özgürlüğü, kendi istediğini yapma açlığını doyuramaz. Gerçek özgürlüğün yerine bu geçemez.

Andreas giderken kararlı bir şekilde hemen ilan vereceğini ve kendi dairesini arayacağını, hemen bulacağından emin olduğunu söyledi. Yalnızca birkaç gün sonra Andreas, ebeveynine ait olan o evden daha çok beğendiği ve daha da ucuz olan bir ev bulduğunu söyledi. Bu kadar basit bir çözümü bulması neden o kadar uzun sürmüştü? Çünkü onların evinde olduğu sürece, Andreas halen annesinin ve babasının bir çocuk olarak özlem duyduğu şeyi ona vereceğini umuyordu. Ancak çocukken ona vermedikleri şey, büyüdüğünde telafi edilemezdi. Hâlâ ona kendi malları gibi davranıyorlardı, isteklerini ifade ettiği zaman asla onu dinlemiyorlardı, evi onarıp herhangi bir karşılık beklemeden bu işe para yatırmasını, anne ve babası oldukları ve bunu bekleme hakları olduğuna inandıkları için pek doğal görüyorlardı. Yalnızca onun için temsil ettiğim, aydınlanmış bir şahitle olan görüşmelerinde, aniden içinde bulunduğu durumun farkına varmıştı. Ancak o zaman çocukluğunda olduğu gibi, kendisini kullanmalarına izin verdiğinin ve bu alışveriş için minnettar olması gerektiğine inandığının farkına vardı. Artık anne babasının bir gün değişebileceği yanılsamasından vazgeçebilirdi. Birkaç ay sonra bana şunları yazdı:

"Kira sözleşmesini sona erdirdiğim zaman, annemle babam kendimi suçlu hissetmemi sağlamaya çalıştılar. Gitmemi istemediler. Beni istediğimin tersini yapmaya zorlayamayacaklarını anladıkları zaman, kirayı düşürmeyi ve yatırdığım paranın bir kısmını geri ödemeyi teklif ettiler. O zaman anladım ki bu sözleşmeden faydalanan ben değildim, onlardı. Bütün tekliflerini reddettim. Ne var ki bütün süreç acı vericiydi. Gerçekle yüzleşmem gerekiyordu ve gerçek acıydı. Bir zamanlar olduğum o küçük çocuğun acısını hissettim, o hiç sevilmemiş, asla kulak verilmemiş, dikkat edilmemiş, kendisini kullanmaları için izin veren ve bir gün her şeyin değişeceğini uman çocuğun acısını hissettim. Mucize şuydu ki ne kadar hissettiysem, o kadar kilo verdim. Duygularımı uyuşturmak için sert içkilere ihtiyacım yoktu, her şeyi tekrar olduğu gibi görmeye başladım, ara sıra yine öfke nöbetleri yaşadıysam da asıl hedeflerin kimler olduğunu artık biliyordum: Çocuklarım, karım değildi; sevgimi geri çekemediğim annem ve babamdı. Bu sevginin yalnızca sevilme arzusu olduğunu, asla karşılık bulmayan bir arzu olduğunu fark ettim.

Bu arzudan kurtulmam gerekiyordu. Birden eskiden olduğu kadar yemek yemeye ihtiyaç duymadım, daha az yoruluyordum, bütün gücüm yerine geldi, bunun da işim üzerinde bir etkisi oldu. Zamanla anne babama karşı duyduğum öfkem yatıştı, çünkü artık bir şeye ihtiyacım olursa, onların yapmasını beklemek yerine kendim yapıyorum. Artık onları sevmek için kendimi zorlamıyorum (neden yapayım ki bunu?) ve kız kardeşimin tahmin ettiği gibi, öldükleri zaman suçluluk hissetmekten artık korkmuyorum. Ölmelerinin bir teselli olacağına çünkü samimiyetsiz ve ikiyüzlü olma mecburiyetinin ortadan kalkacağına inanıyorum. Ancak yine de kendimi bu mecburiyetten kurtarmaya çalışıyorum.

Annemle babam, kız kardeşimden mektuplarımın çok duygusuz ve gerçekçi olduğunu söylemesini istemişler. Bu durumun incitici olduğunu, çünkü önceleri olduğum kadar şefkatli olmadığımı hissediyorlarmış. Eskisi gibi olmamı istiyorlarmış. Bunu yapamam ve yapmak da istemem, küçük dramlarında bana verdikleri rolü oynamaya artık niyetim yok. Uzun bir arayıştan sonra bende iyi bir izlenim bırakan bir terapist buldum. Seninle konuştuğum gibi konuşabildiğim, dürüstçe, anne babamı kayırmadan, gerçeği, kendi gerçeğimi gizlemeden konuşabildiğim biri. Daha da önemlisi, asla gerçekleşemeyecek umutlara çok uzun süre bel bağlamama sebep olan o evi terk etme kararı verebildiğim için mutluyum."

Çocukluğumuzda bize karşı gaddar olsalar da, kişinin ebeveynine duyduğu sevginin tam olarak neden oluştuğunu sorarak Dördüncü Emir hakkında bir tartışma başlattım bir defasında. Yanıtlar pek de düşünmeden çok çabuk geldi. Çeşitli duygulardan söz ediliyordu: Genellikle hasta ya da güçsüz olan yaşlılara karşı duyulan şefkat; hayat verdikleri ve dayak yenilmeyen o güzel günler için duyulan minnet; kötü bir insan olmaktan duyulan korku; ebeveynimizi affetmemiz gerektiği, aksi halde asla gerçek bir yetişkin olamayacağımız inancı. Bu da bu görüşlere meydan okunan hararetli bir başka tartışmaya yol açtı. Katılımcılardan biri olan Ruth, beklenmedik bir şiddetle şunları söyledi:

> "Benim hayatım, Dördüncü Emir'in yanlış olduğunun gerçek bir kanıtı. Kendimi anne babamın taleplerinden kurtardığım ve üstü kapalı ya da açık bir şekilde onların beklentilerine göre yaşamaya son verdiğim an, hiç olmadığım kadar sağlıklı hissetmeye başladım. Bütün belirtiler yok oldu, çocuklarıma karşı fevri davranmamaya başladım ve şimdi şuna inanıyorum; bütün bunlar, bedenime hiçbir iyiliği dokunmayan bir emre uymaya çalıştığım için oluyordu."

Ruth, anne babalarımızın çok küçük bir yaşta bizlere aşıladığı suçluluk duygusunu ve endişeyi desteklediği için, bu emrin bizim üstümüzde bu kadar etkili olduğunu söylüyordu. Onları sevmediğini fark etmeden kısa bir süre önce, muazzam bir endişenin kurbanı olmuştu. Yalnızca onları sevmek istiyordu, kendisine ve onlara karşı gerçekten onları seviyormuş taklidi yapıyordu. Bu gerçeği kabul eder etmez, korkusu geçti.

Bence pek çok kişi, onlara "Anne babanı sevmene ve onlara hürmet etmene gerek yok. Sana zarar verdiler. Gerçekten hissetmediğin şeyleri hissetmek için kendini zorlamana gerek yok. Zorlama, mecburiyet asla iyi bir şey doğurmamıştır. Senin durumunda zorlama, yıkıcı olabilir. Bedenin bunun bedelini öder" diyen biri olsa, aynı şekilde hissedecektir.

Bu tartışma, kimi zaman bütün hayatımızı yetiştiriliş, ahlak ya da din adı altında bir hayale boyun eğerek harcadığımız yönündeki izlenimimi teyit ediyordu. Bu hayal, doğal, biyolojik ihtiyaçlarımızı yok saymaya, bastırmaya ve onlara karşı savaşmaya zorluyor ve sonunda bunun bedelini –anlamadığımız, anlamak istemediğimiz- hastalıklar ile ödüyor ve bunu ilaçlar ile yenmeye çalışıyoruz. Terapi gören hastalar, bastırılan duygularının uyanması ile kendi gerçek benliklerine ulaşmayı başarabildikleri zaman, kimi terapistler, şüphesiz Adsız Alkolikler adından ilham alarak, bu durumu yüce bir güce atfediyorlar. Böyle yaparak, kendimize olan bütün güvenimizi -kendimize neyin iyi geleceğini, neyin gelmeyeceğini anlama yetimize olan güvenimizi -en başından sarsıp yıkıyorlar.

Benim durumumda, babam ve annem, doğduğumdan beri bu güveni yok etmeye çalıştılar. Hissettiğim her şeyi annemin gözünden görmeyi ve yargılamayı, gerçek duygularımı ve ihtiyaçlarımı öldürmeyi öğrenmem gerekti. Bu doğrultuda, ihtiyaç duyduğum şeyleri hissetme ve bunları tatmin etmeye çalışma yetim ciddi bir şekilde sakatlandı. Örneğin, resim yapma ihtiyacımı keşfetmem ve bu ihtiyacımı karşılamama izin vermem kırk sekiz yılımı aldı. Nihayet, o ihtiyaç kendisini ortaya koydu. Anne babamı sevmeme hakkını kendimde görmem ise çok daha uzun sürdü. Bu arada neredeyse hayatımı mahveden birini sevme çabasının bana ciddi bir zarar verdiğini çok daha açık bir şekilde gördüm. Erken yaşta anne babamın bana kabul ettirdiği iyi kız rolünü benimsemek, beni kendimi kandırmaya zorlayarak, mecbur bırakarak beni kendi gerçeğime yabancılaştırıyordu. Bu rol, yetiştirilme ve ahlak kisvesi altında duygusal taleplere boyun eğmeye zorluyordu. Yavaş yavaş kendime karşı dürüst olmayı öğrendikçe ve kendi duygularımı kabullenmeyi başardıkça, bedenimin dili çok daha rahat anlaşılmaya, duyulmaya başladı ve kendisine faydası dokunan kararlara beni yönlendirdi ve doğal ihtiyaçlarını ifade etmesini sağladı. Başka insanların oyunlarına katılmaya, kendime anne babamın da iyi tarafları olduğunu söylemeye, çocukken yaptığım gibi kendi kafamı karıştırmaya son verebildim. Yetişkin olma lehine karar verebildim. Kafa karışıklığı da yok oldu.

Anne babama varlığım için hiçbir minnet borcum yok, beni istemediklerini biliyorum. Onları anne babaları evlenmeye zorlamıştı. Anne babalarına itaat borcu olan ve istemedikleri bir çocuğu dünyaya getirmiş iyi huylu iki çocuğun, sevilmeyen bir ürünüydüm. Bir oğulları olsun istiyorlardı, çünkü iki dede böyle istiyordu. Ancak onun yerine bir kızları olmuştu ve yıllarca o kız çocuğu, kaçırdıkları mutluluğu telafi etmek için elinden geleni yaptı. Bu çaba, başarısızlığa mahkumdu. Ne var ki hayatta kalmaya niyetli bir çocuk olarak elimden gelenin en iyisini yapmaktan başka bir şansım yoktu. En başından beri, annemle babam, kendi ebeveyninin onlardan esirgediği takdiri, dikkati ve sevgiyi onlara verme yönündeki üstü kapalı görevi bana vermişti. Bu çaba başarılı olsaydı, kendi gerçeğimden, kendi duygularımın hakikatinden vazgeçmem gerekecekti. Bu çabalara rağmen, derin suçluluk duygularına mahkum oldum, çünkü bu görev, boyun eğemeyeceğim bir görevdi. Bunun yanı sıra, olağanüstü değerli bir şeyden –kendi gerçeğimden- kendimi mahrum etmiştim.

(Pek çok okurun kendi kaderini gördüğü bir kitap olan *Yetenekli Çocuğun Dramı*'nı yazdığım sırada bundan şüphelenmeye başlamıştım.) Ne var ki yıllarca, yetişkinliğe kadar dahi, bu görevi yerine getirmeye çalışmaya devam ettim. Eşlerimle, arkadaşlarımla, çocuklarımla bu görevi sürdürmeye çalıştım. Başkalarını kendi karmaşalarından kurtarma görevinden ne zaman sıyrılmaya çalışsam, suçluluk duygusundan neredeyse ölüyordum. Ancak hayatımın çok geç bir döneminde nihayet başarılı oldum.

Minnet ve suçluluk duygularından kurtulmak, içselleştirdiğim anneme ve babama bağlılığımı kırma yolunda aşırı derecede önemli bir aşamaydı. Ancak atılması gereken başka adımlar da vardı. Bu adımların en önemlisi, anne ve babamla olan ilişkilerimde şiddetle ihtiyaç duyup yoksun kaldığım duyguların samimiyetle paylaşılmasının, iletişim kurma özgürlüğünün, nihayet bir gün karşılanabileceği beklentisinden ve umudundan vazgeçmekti. Gerçekten de bu başka insanlarla gerçekleşti, ancak çocukluğum hakkındaki bütün hakikatin farkına vardıktan sonra mümkün oldu. Sonra annemle ve babamla özgürce iletişim kurmanın ne kadar imkansız olduğunu ve bir çocuk olarak bunun bana ne büyük bir acı verdiğini anladım. Uzun süre önce vefat ettiler, ancak ebeveyni halen hayatta olan insanlar için bu sürecin daha da zahmetli olduğunu tasavvur edebiliyorum. Çocuklukta doğan beklentiler o kadar güçlü olabilir ki, nihayet anne ve babamızın olmamızı istediği gibi olmak ve böylece sevgi yanılsamasını sürdürmek için, bize iyiliği dokunacak her şeyden vazgeçeriz.

Örneğin, Karl yaşadığı karmaşayı şöyle tarif ediyor:

> "Annemi seviyorum ancak o bana inanmıyor çünkü beni hayatını cehenneme çeviren babamla karıştırıyor.

Ama ben babam değilim. Annem beni öfkeden mosmor ediyor, ancak ona öfkemi göstermek istemiyorum çünkü o zaman nihayet babam gibi olduğuma dair elinde bir kanıt olacak. Ama bu doğru değil. O yüzden, onu haklı çıkarmamam için öfkemi dizginlemem gerekiyor, o zaman da ona karşı bir sevgi hissetmiyorum, yalnız nefret duyuyorum. O nefreti de istemiyorum, beni olduğum gibi görmesini ve öyle sevmesini istiyorum, babamdan nefret ettiği gibi benden nefret etmesini istemiyorum. Ne yaparsam doğru olur?"

Yanıt şudur: Başka birini memnun etmeye çalıştığımız sürece asla doğru şeyi yapamayız. Yalnızca olduğumuz gibi olabiliriz ve anne babamızı bizi sevmeye zorlayamayız. Yalnızca çocuklarının taktığı maskeyi sevebilen anne babalar vardır. Çocuk o maskeyi çıkardığı zaman, sıklıkla şu cümleyi söylediklerini duyarız: "Senden bütün istediğim, eskisi gibi olman."

Hâlâ anne babalarımızın sevgisini "kazanabileceğimiz" yanılsaması, yalnızca gerçekten olanı reddetmekle sürdürülebilir. Gerçeği olduğu gibi görme ve alkol, uyuşturucu ve ilaçların yardımıyla beslediğimiz kendimizi kandırma huyumuzu terk etme kararını verdiğimiz an, bu yanılsama bütün dalları budakları ile birlikte örselenir. İki çocuk annesi otuz beş yaşındaki Anna bana şunu sormuştu: "Annem, tek istediğinin ona sevgi göstermem olduğunu söylediği zaman ona ne söyleyebilirim? 'Beni seviyordun, ama şimdi çok farklısın' diyor. 'Evet, öyleyim çünkü şimdi sana karşı her zaman samimi olmadığımı hissediyorum. Dürüst olmak istiyorum' demek isterdim ona." Ben de ona "Peki neden bunu söyleyemiyorsun?" diye sordum. "Doğru" dedi Anna. "Kendi gerçeğimi savunmaya hakkım var. Aslında hissettiği şeyin doğru olduğunu benden duymaya onun da hakkı var. Teoride bu çok basit ancak anneme duyduğum şefkat, ona karşı dürüst olmamı engelledi. Onun için üzülüyordum. Bir çocuk olarak hiç sevilmemişti. Doğduktan sonra başkasına verilmişti. O da benim sevgime dört elle sarıldı ve ben de bunu ondan almak istemedim." "Tek çocuk musun?" diye sordum. "Hayır, beş çocuğu var ve hepsi ona hizmet etmek için ellerinden geleni yapıyor. Ancak bunun çocukluğundan beri içinde taşıdığı boşluğu doldurmaya yetmediği açık." "Yani sen ona yalan söyleyerek o boşluğu doldurabileceğini mi düşünüyorsun?" "Yok, hayır. Haklısın. Sırf şefkat için neden hissetmediğim bir sevgiyi ona vermeyi isteyeyim ki? Her türlü hastalık geçirdim. Şimdi hepsi geçti. Onun girdabına daldığımı ve duygusal şantajına maruz kaldığımı hissettiğim için, annemi aslında gerçekten sevmediğimi kendime itiraf eder etmez hastalıkların hepsi yok oldu. Ancak bunu ona söylemek beni korkuttu ve şimdi kendime bu şefkatin ona ne yapacağını soruyorum. Yalandan başka bir şey değil. Bu yalanı daha fazla sürdürmemeyi bedenime borçluyum."

O halde, arkasında yatan gerçek duygulara burada yapmaya çalıştığımız gibi daha yakından baktığımız zaman sevgiden geriye ne kalır? Minnet, şefkat, yanılsama, gerçeğin inkar edilmesi, suçluluk duyguları, sahtekarlık, bütün bu duygular, bizleri sık sık hasta eden ve ebeveynimize aslında hiçbir iyiliği dokunmayan bir bağlılığın öğeleridir. Dünyanın her yerinde bu patolojik bağlılık sevgi olarak görülür. Bu fikri ne zaman ifade etsem, her türlü kaygı ve direnç ile karşı karşıya gelirim. Ancak tartışma sırasında neyi kastettiğimi anlatmayı başarabildiğim zaman, o direnç kolayca çözülür ve pek çok kişi, onları şaşırtan bir aydınlanma ile karşılık verir. Bir defasında biri şöyle demişti: "Doğru. Ebeveynime karşı ne hissettiğimi onlara göstersem, neden öleceklerini düşünüyorum ki o zaman? Hissettiklerimi hissetmeye hakkım var. Dürüstlük bu, bir kısasa kısas meselesi değil. Okuldaki din dersinde dürüstlük soyut bir kavram olarak destekleniyor da anne babamızla olan ilişkimizde neden yasaklanıyor?"

Gerçekten de anne babamızla dürüstçe konuşabilseydik ne güzel olurdu. Onlara söylediklerimizden anladıkları üzerinde hiçbir etkimiz yok nihayetinde. Ancak bizim için, çocuklarımız için ve en önemlisi -sonunda bize gerçeğin yolunu gösteren- bedenimiz için bir fırsat olurdu.

Bedenin bu yetisi, benim için asla tükenmeyen bir mucize kaynağıdır. Beden, gerçekten hayret verici bir azim ve zeka ile yalanlara karşı savaşır. Ahlaki ve dini savlar, bunu yutturamaz ya da bozamaz. Küçük bir çocuğa ahlak zorla dayatılır. Çocuk, bu besini isteyerek kabul eder çünkü anne babasını sever ve okul hayatı boyunca sayısız hastalıktan muzdarip olur. Bir yetişkin olarak geleneksel ahlaka karşı savaşmak için müthiş zekasını kullanır ve muhtemelen bu süreç içinde filozof ya da yazar olur. Ancak çocuğun, okul yılları boyunca hastalık maskesi altında saklanan ailesi hakkındaki gerçek duyguları, onu güdük bırakır, tıpkı Nietzsche ve Schiller'e olduğu gibi. Çocuk, bir yetişkin olarak "toplumun" yalanlarını açıkça görebilse de, sonunda kendisini ahlakın ve dinin savlarına feda ederek anne babasının kurbanı olur. Onun için kendini nasıl kandırdığını görmek, ahlakın kurbanı olmaya izin verdiğini fark etmek, felsefi risaleler kaleme almaktan ya da cesur dramlar yazmaktan daha zordur. Ancak kendi bedenlerimizden sökülüp atılan düşünceler değil, bireyin içinde gerçekleşen süreçler zihniyetimizde verimli bir değişime yol açabilir.

Çocukluğunda sevgiyi ve anlayışı tecrübe edecek kadar şanslı olanların hakikatle hiçbir sorunları olmaz. Onlar yeteneklerini sonuna kadar geliştirebilmişlerdir ve çocukları da bundan kazanç sağlar. Böylesi insanların yüzdesinin gerçekte ne kadar olduğuna dair hiçbir fikrim yok. Dayağın halen bir çocuk büyütme yöntemi olarak tavsiye edildiğini biliyorum. Kendine has bir demokrasi modeli olan Amerika Birleşik Devletleri'nin yirmi iki eyaletinde okullarda fiziksel cezaya izin verildiğini biliyorum ve bu eyaletlerin, bütün anne babaların sahip olduğu bu "hakkın" savunulmasında giderek daha çok seslerini duyurduklarını biliyorum. Çocuklara fiziksel güç kullanarak demokrasiyi öğretebileceğimize inanmak gülünç. Vardığım sonuç şu; halihazırda dünyada böyle büyütümüş muhtemelen pek çok insan var. Hepsinin zulme karşı direnişleri, çok erken bir dönemde sopalanarak sindirilmiş, hepsi yalnızca samimiyetsizlik olarak nitelendirebileceğim bir hal içinde büyümüşler. Nereye baksak bunu görebiliriz. Biri "Anne babamı sevmiyorum çünkü sürekli beni aşağıladılar" dese, anında herkesten aynı nasihati duyacaktır: Gerçek bir yetişkin olmak istiyorsa tutumunu değiştirmelidir ve sağlıklı olmak istiyorsa içindeki nefretle yaşamaya devam etmemelidir; yalnızca anne babasını affederse, bu nefretten kurtulabilir; mükemmel anne baba diye bir şey yoktur; bütün anne babalar bazen hata yapar ve buna katlanmak zorundayız ve gerçek bir yetişkin olduğumuz, büyüdüğümüz zaman bunu yapmayı öğrenebiliriz.

Böylesi nasihatlerin kulağa çok makul gelmesinin sebebi, hayatımız boyunca bunu duymuş olmamız ve sağlıklı olduğuna inanmamızdır. Ancak öyle değildir. Safsataya dayalıdır. Affetmenin, bizi nefretten kurtaracağı doğru değildir. Affetmek, yalnızca onun üstünü örtmeye ve böylece (bilinçli olmayan zihinlerimizde) onu pekiştirmeye yarar. Hoşgörünün yaşla arttığı doğru değildir. Tam tersi olur. Çocuklar anne babalarının saçmalıklarını hoşgöreceklerdir çünkü bunun normal olduğunu düşünürler ve kendilerini savunamazlar. Yetişkin olana kadar bu esaretten ve bu kısıtlamalardan aktif olarak muzdarip olmayız. Ancak başkalarıyla, eşlerimizle ve çocuklarımızla olan ilişkilerimizde bunun sıkıntısını yaşarız. Çocukken anne babamızdan duyduğumuz korku, gerçeği görmemizi engeller. Nefretin bizi hasta ettiği doğru değildir. Bastırılan, bağlarından kopan duygular bizi hasta edebilir ancak ifade edebildiğimiz bilinçli duygular bizi hasta etmez (Miller, 1998). Yetişkinler olarak yalnızca duygularımızı özgürce ifade edemediğimiz bir durumun içinde saplanır kalırsak nefret ederiz. İşte bu bağımlılıktır nefret etmeye başlamamıza sebep olan. Bu bağımlılığı kırar kırmaz (ki bir totaliter rejime mahkum değilsek, normalde yetişkinler olarak bunu yapabiliriz), bu esaretten kendimizi kurtarır kurtarmaz, artık nefret etmeyiz (2.3. bölüm). Ne var ki nefret varsa onu yasaklamak iyi bir şey değildir, ki bütün dinler bunu yapar. İnsanları nefret doğuran bağımlılıktan kurtaracak bir davranış türünü tercih edeceksek, önce nefretin sebeplerini anlamamız gerekir.

Elbette erken çocukluk döneminden itibaren gerçek duyguları sökülüp atılan insanlar, kilise gibi kurumlara bağımlı olacaklardır ve ne hissetmelerine izin verildiğinin söylenmesine izin vereceklerdir. Çoğu durumda insanların çok az şey hissetmelerine izin verilir. Ne var ki, hep böyle olacağını tasavvur edemiyorum. Bir yerde bir zaman bir isyan olacak ve karşılıklı olarak insanların inisiyatiflerini yavaş yavaş yok eden süreç durdurulacak. Bireyler, anlaşılabilir korkularını yenmek, gerçeği söylemek, hissetmek ve duyurmak ve başkalarıyla bu temel üzerinde iletişim kurmak için cesaretlerini topladıkları zaman süreç duracak.

Çocukların, zulme ve aşırı sadizme rağmen hayatta kalmak için topladıkları gücün ne kadar muazzam olduğunu fark ettiğimiz zaman, her şey aniden daha iyimser görünmeye başlar. Sonra (Rimbaud, Schiller, Dostoyevski ve Nietzsche gibi) bu çocuklar neredeyse sınırsız olan güçlerini -yalnızca kendileri hayatta kalmak için mücadele etmek yerine- daha verimli bir amaç uğruna yani birbirleri için harcayabilirlerse, dünyamızın çok daha iyi yer olabileceğini tasavvur etmek kolaylaşır.

2.3. Hakikatin Muhafızı Olarak Beden

Yirmi sekiz yaşındaki Elizabeth şöyle yazmıştı:

"Annem küçükken bana çok kötü davrandı. İşler istediği gibi gitmezse kafama vurur, beni duvara iter, saçımı çekerdi. Bunu engellemem mümkün değildi çünkü böylesi patlamaların gerçek sebebini asla anlayamaz ve bir sonraki patlamadan kaçamazdım. O yüzden annemin ruh halindeki en ufak değişikliği en başından fark etmek için, öfke patlamalarına bir şekilde uyum sağlayıp onlardan kaçınabileceğimi umarak elimden geleni yapardım. Bazen başarılı olurdum ancak çoğu zaman olmazdım. Birkaç yıl önce depresyona girdim. Bir terapiste gittim ve çocukluğum hakkında ona pek çok şey anlattım. Önce her şey gerçekten çok iyi gitti. Beni dinliyor gibi görünüyordu ve bu da her şeyi çok daha kolaylaştırıyordu. Kimi zaman pek hoşuma gitmeyen şeyler söylerdi. Ancak her zaman olduğu gibi, kendi duygularımı yok sayıp onun zihniyetine uyum sağlamayı becerirdim. Doğu felsefesinden çok etkilenmişe benziyordu. Önce benim anlatacaklarımı dinlemeye hazır olduğu sürece bunun beni rahatsız etmemesi gerektiğini düşündüm. Sonra terapistim, bütün hayatımı nefretin tüketmesini istemiyorsam, annemle barışmam gerektiği konusunda beni ikna etmeye çalışmaya başladı. Sonra gerçekten sinirlendim ve terapiyi bıraktım.

Terapistime anneme karşı hissettiğim duygular konusunda, ondan daha çok şey bildiğimi söyledim. Bütün yapmam gereken kendi bedenimi dinlemekti çünkü annemle olan bütün karşılaşmalarımda, duygularımı bastırmaya başlar başlamaz hiç değişmeden ciddi fiziksel belirtiler çekiyordum. Bedenim bu açıdan hiç hata yapmıyor ve edindiğim izlenime göre, benim hakikatimi çok iyi biliyor, benim bilinçli benliğimden çok daha iyi biliyor, annemle yaşadığım her şeyi biliyor. Geleneksel kurallara ya da ilkelere boyun eğmek için eğilip bükülmeme izin vermiyor. Bedenimin verdiği mesajları ciddiye aldığım ve onların doğrultusunda hareket ettiğim sürece, migren ve lumbago şikayetim kalmıyor ve kendimi yalnız hissetmiyorum. Çocukluğum hakkında konuşabildiğim, benzer anıları olduğu için beni anlayan insanlar buldum ve bundan sonra terapistlere danışmaya niyetim yok. Olduğum gibi olmama, söylemek istediğim her şeyi söylememe izin verecek, ahlak konusunda vaazlar vermeyecek birini bulabilsem çok güzel olurdu. Acı veren anılarımı onarmama yardım edebilirdi. Ancak bunu olduğu gibi, bazı arkadaşlarımın desteğiyle yapma yolundayım. Kendi duygularıma hiç olmadığım kadar yakınım. İki grupta duygularımı ifade edebiliyorum ve kendimi rahat hissettiğim yeni bir iletişim biçimi deniyorum. Bunu yapmaya başladığımdan beri, fiziksel şikayetlerim ve depresyonum neredeyse yok oldu."

Elizabeth'in mektubu çok cesaret vericiydi, o yüzden bir yıl sonra bana şunları yazınca hiç şaşırmadım:

"Bir daha terapiye gitmedim ve gayet iyiyim. Bu yıl bir kez bile annemi görmedim ve görme gereği hissetmiyorum. Küçükken bana uyguladığı zulmün anıları o kadar canlı ki, bir çocuk olarak kaçırdığım, mahrum kaldığım bir şeyi bana verebileceği yönündeki yanılsamalardan ve beklentilerden beni koruyor. Ara sıra bunun özlemini duysam da, şimdi artık biliyorum ki bunu aramanın hiçbir faydası yok. Terapistimin öngördüğünün tersine, içimde hiç nefret yok. Annemden nefret etmeme gerek yok, çünkü artık duygusal olarak ona bağlı değilim. Terapistim bunu anlayamadı. Beni nefretimden arındırmak istedi ve istemeden beni bağlılığımın bir ifadesi olan o nefrete doğru ittiğini fark etmedi, o bağımlılığı tekrar en baştan yaratabilirdi. Terapistimi dinleseydim, o nefret yeniden baş gösterecekti. Bugün artık anneme karşı bir duygu besliyormuş gibi yapmanın sıkıntısını çekmeme gerek yok. Mış gibi yapmıyorum. Bu yüzden de içimde bir nefret kalmadı. O bağımlı bir çocuğun nefretiydi hep ve terapistimi zamanında bırakmasaydım, bu nefreti daha da artırabilirdim."

Elizabeth'in bulduğu çözümden dolayı çok mutluydum. Ancak bu idrake ve güce sahip olmayan insanlar ne olacak? Böylesi insanların, gerçekten onlara ahlak iddialarında bulunmadan keşif yolculuklarında destek olabilecek bir terapiste ihtiyaçları var. Başarılı ve başarısız terapilerin öykülerini okumak da belki terapistlerin farkındalıklarını artırabilir, böylece zehirli pedagojinin zehrinden kendilerini kurtarabilirler ve bu zehri işlerine yaymayı sürdürmezler.

Ebeveynimizle olan bütün temasımızı kesip kesmememiz o kadar önemli değildir. Ayrılık süreci, çocukluktan yetişkinliğe olan geçiş içimizde gerçekleşir. Kimi zaman bütün irtibatı koparmak, kendi ihtiyaçlarımızı yaşayabilmemizin tek yoludur. İrtibatta olmak anlamlı ise, ancak neyi kabul edebileceğimizi neyi edemeyeceğimizi zihnimizde netleştirdikten sonra olmalıdır, ancak bundan sonra yalnızca bize ne olduğunu anlamakla kalmaz, *bize ne yaptığını*, bizim üstümüzde yarattığı etkiyi de değerlendirebiliriz. Her bireyin hikayesi farklıdır ve ilişkilerin dışarıdan görünüşü sonsuz farklı şekilde olabilir. Ancak üç ortak etmen vardır:

1. Eski yaralar yalnızca kötü muameleden kurtulanlar değişim yönünde bir karar verdikten, kendilerine saygı duymaya başladıktan ve içlerindeki çocuğun beklentilerinden kendilerini kurtarabildikten sonra iyileşebilir.
2. Anne babalar, çocuklarının onları anlamasının ve bağışlamasının bir sonucu olarak kendiliğinden değişmezler. Gerçekten isterlerse kendi başlarına değişebilirler.
3. Bu yaraların acısı inkar edildiği sürece, ruh ve beden sağlığı açısından bunun bedelini ödeyecek biri olacaktır. Ya önceki kurban ya da onun çocukları ödeyecektir.

Kötü muamele gören ve bu yüzden hiç büyüyememiş çocuklar, hayatları boyunca kendilerine acı çektiren kişilerin "iyi taraflarını" görme çabası içinde olacak ve bütün umutları, beklentileri bu çaba doğrultusunda olacaktır. Örneğin, Elizabeth'in benimsediği ilk tutum buydu: "Bazen annem bana bir hikaye okurdu, güzel olurdu. Bazen beni sırdaşı yapar, sıkıntılarını anlatırdı. Böylece kendimi seçilmiş biri hissederdim. Böylesi zamanlarda beni hiç dövmezdi, o yüzden tehlikede olmadığımı hissederdim." Böylesi ifadeler Imre Kertész'in Auschwitz'e varışına dair tasvirini hatırlatır bana. Hep iyi tarafından bakardı, içgüdüsel olarak hissettiği korkuyu bertaraf etmek ve hayatta kalabilmek için. Ancak Auschwitz, bütün dehşetiyle Auschwitz'di. Ancak on yıllarca sonra, bu insanı kötürüm bırakacak kadar küçük düşüren sistemin onun iç dünyasına ne yaptığını kabul edecek ve hissedebilecekti.

Kertész'e ve ölüm kampında yaşadıklarına yapılan göndermenin, kişinin kendisine yaptıklarını fark ettikleri ve özür diledikleri zaman ebeveynini affetmemesi gerektiği yönünde anlaşılmasını istemem. Böylesi bir şey ancak anne babalar, çocuklarına yaşattıkları acıyı hissetmeye cesaret ettikleri ve anladıkları zaman gerçekleşebilir. Ancak bu nadirdir. Genellikle olan şey, bağımlılık ilişkisinin bu kez diğer taraftan devam etmesidir. Kırılgan ve rahatsız anne babalar, yetişkin çocuklarından destek beklerler ve merhamet görmek için suçlama adı altındaki etkili aracı kullanırlar. Bu merhamet, çocuğun bir yetişkin olarak gelişimini engelleyen şeyin ta kendisi olabilir; istenmeyen çocuklar, kendi yaşama ihtiyaçlarından hep korkmuşlardır.

İstenmeyen bir çocuğun bedeninde gizli olan algı, bastırılmış bir algıdır, ancak şu açıdan doğrudur: "Beni öldürmek istiyorlar. Hayatım tehlikede." Bu algı, bilinçli hale geldiği zaman, yetişkinin zihninden silinebilir. Bunun ardından eski duygu (korku, gerginlik) şunu ifade eden bir anıya dönüşecektir: "Daha önce tehlikedeydim ancak artık hayatım tehlikede değil." Normalde böylesi bilinçli bir anıdan önce, eski duyguların tecrübesi ve üzüntü duyguları gelir ya da onlar eşlik eder.

Duygularımızla yaşamayı ve onlarla savaşmamayı bir kez öğrendikten sonra, bedenlerimizde bir tehlikenin tezahürlerini değil, kişisel tarihimizin faydalı izlerini görürüz.

2.4. Bunu Söyleyebilir miyim?

Fark Etmeyeceksin'i (Du sollst nicht merken) yazarken beni saran korkuları hâlâ hatırlayabiliyorum. O sırada üç yüz yıl boyunca kilisenin Galileo Galilei'nin icatlarını başarıyla inkar edebilmesi ve Galileo'nun bedeninin, bulduğunu inkar etmeye zorlandığı zaman körlükle karşılık vermesi konusuyla ilgileniyordum. Bir çaresizlik duygusu çöktü üstüme. Tesadüfen yazılı olmayan bir yasayı bulduğumu, anne ve babaların misilleme niteliğindeki ihtiyaçları için çocuklarını yıkıcı bir biçimde istismar ettiğini ve toplumun bu gerçeği bir tabu olarak gördüğünü kesin olarak biliyordum. Bu hakikatin farkında olmayacaktık.

Bu tabuyu kırma konusunda ısrar edersem, en ağır cezalara maruz kalma riskine girmiyor muydum? Ancak korkum, pek çok şeyi anlamamı sağladı, bunlardan biri de Freud'un tam da bu sebepten ötürü kendi görüşlerine ihanet ettiğiydi. Saldırıya uğramamak ve reddedilmemek için ben de onun yolundan gitmeli ve çocuklara edilen zulmün sıklığı ve sonuçları hakkındaki görüşlerimi geri mi çekmeliydim? Freud'u koşulsuz olarak pohpohlayan pek çok insanın görmediği bir şeyi –kendi kendisini kandırdığını- gerçekten görmüş olabilir miydim? Ne zaman kendimle pazarlığa girişsem, bir orta yol bulmaya çalışsam ya da belki hakikatin yalnızca bir kısmını mı ifşa etmeliyim diye kendime sorsam, her seferinde fiziksel belirtiler olarak karşılık aldığımı hatırlayabiliyorum. Sindirim sorunları yaşıyordum, uyuyamıyordum ve depresyon nöbetleri geçiriyordum. Daha fazla taviz veremeyeceğimi fark ettiğim an, bu belirtiler kayboldu.

Yayının gördüğü karşılık gerçekten de tamamıyla reddedilme oldu, hem ben hem de kitabım o sıralar halen "evim" olarak gördüğüm bir dünya olan bilim dünyası tarafından reddedildik. Bu ret hâlâ da sürüyor. Ancak ben artık çocuk değilim ve hayatım da "ailenin" kabulüne, tasdikine bağlı değil. Kitap, kendi yolunu buldu. Bugün kitaptaki "yasaklı" ifadelere, hem alaylılar hem de uzmanlar tarafından az çok kesin gözüyle bakılıyor.

Pek çok kişi Freud'a yönelik eleştirim konusunda benimle hemfikir ve çocuklara uygulanan zulmün ağır sonuçlarına artık uzmanlar da daha çok ilgi gösteriyorlar. Öldürülmedim ve sesimi duyurabildim. Bu tecrübe sayesinde bu kitabın da anlaşılacağına inanıyorum. Bu kitap ilk başta bazılarını sarsabilir. Ancak kendilerini anlamak isteyen pek çok kişi, bu kitabı anlayacaktır. İnsanlar bildikleri konusunda yalnız olmadıklarının farkına vardıkça ve daha da önemlisi çocukluklarındaki tehlikelere açık olmadıklarını gördükçe şok etkisi de azalacaktır.

Burada aktaracağım Judith'in durumu bir kez daha doğru terapistin gerekliliğinin altını çiziyor. Şimdi kırk yaşında olan Judith, bir çocuk olarak akla gelebilecek en vahşi şekilde babasının cinsel istismarına uğramıştı. Annesi onu asla korumamıştı. Terapi sırasında Judith, anne babasından ayrılmayı başarabildiği zaman bastırmayı tersine çevirme ve belirtileri iyileştirme konusunda da başarılı oldu. Ancak terapinin başına kadar farkında olmadığı ve terapi sayesinde hissetmeyi öğrendiği cezalandırılma korkusunu uzun bir süre taşıdı. Bu büyük ölçüde, ebeveyninden tamamıyla kopmadığı sürece akıl ve beden sağlığını tekrar kazanmasının mümkün olmayacağına inanan terapisti sayesinde oldu. Bu doğrultuda Judith, annesine gidip her şeyi konuşmaya çalıştı. Her seferinde reddedildi ve kınandı. Annesi ona "Anne babaya asla söylenmemesi gereken şeyler vardır" dedi. Dördüncü Emir'e rağmen suçlama ve eleştiri getirilmişti ve bunlar doğrudan Tanrı'ya hakaret sayılırdı.

Annesinin tepkileri, Judith'in terapistinin sınırlarını görmesini sağladı, nitekim terapisti de bir kişinin yapabileceklerini, yapması ya da yapmaması gerekenleri bildiği yönündeki hatalı kanıya sahip olmasını sağlayan sınırlı bir görüşün tutsağıydı. Bir başka terapistin yardımıyla Judith, kendisini böyle ilişkilere zorlamadığı için bedeninin ne kadar minnettar olduğunu fark etti. Bir çocuk olarak böylesi bir seçeneği yoktu. Acı çektikçe kayıtsız kalan ve Judith'in her söylediğine basmakalıp sözlerle yanıt veren bir anneyle yaşamak zorunda bırakılmıştı. Judith, ne zaman bu basmakalıp sözlerin dışında –tamamıyla kendisine ait, yürekten- bir şey söylese, toptan reddedilerek cezalandırılıyordu. Böylesi bir reddin çocuk üzerindeki etkisi, annenin kaybının etkisi ile aynıdır ve hayati tehlike ile eşdeğerdir. Bu tehlikenin korkusu, ilk terapide dindirilemezdi çünkü terapistinin Judith'e sürekli ahlaki yargılarda bulunması, o duygunun beslenmesi demekti. Burada sözünü ettiğim etkiler, genellikle çok güç algılanır hatta algılanamayacak kadar üstü kapalıdır. Bunun sebebi de, hepimizin yetiştiği geleneksel değerler ile aşağı yukarı uyumlu olmalarıdır. Uzun süredir Dördüncü Emir'e uyulması gerektiğine, çocuklarına karşı yıkıcı bir şekilde davransalar dahi bütün anne babaların onurlandırılmaya hakları olduğuna kesin gözüyle bakılmıştır ve halen öyle görülmektedir. Ancak bu değer sisteminin dışına çıkmayı seçtiğimiz zaman, yetişkin bir kadının kendisine gaddarca davranan ya da olan bitene seyirci kalan ve müdahale etmeyen anne babasını onurlandırmasını beklemenin tamamıyla saçma olacağını göreceğiz.

Ne var ki bu saçmalık genellikle normal görülür. Meşhur terapistlerin ve yazarların dahi, kişinin anne babasını affetmesinin, başarılı bir terapi dizisinin parlak zaferi olduğu kanısından kendilerini kurtaramadıklarını görmek şaşırtıcıdır. Bugün bu kanıya, beş yıl öncesine göre daha az kesin gözüyle bakılmasına rağmen, buna bağlı beklentiler açıktır ve şu mesajı içerir: Dördüncü Emir'e riayet etmezsen vah sana. Bu yazarlar, sık sık acele edilmemesi gerektiğini, affın terapinin başında gerçekleşmesinin gerekmediğini, zira öncelikle güçlü duyguların kabul edilmesi gerektiğini söyleseler de, bir gün hastanın affedecek kadar olgun olması gerektiği konusunda da ısrarcı olurlar. Bu noktada genel bir uzlaşma mevcuttur. Bu uzmanlar, terapinin amacının kişinin anne babasını bütün kalbiyle affedebilmesi olduğunu kabul ediyorlar. Bu görüşün yanlış olduğuna inanıyorum. Başarılı bir terapinin hedefi, acı verici bağlılıktan kurtulmaktır, uzlaşma, barışma değildir, zira bu fizyolojik değil, yalnızca ahlakçı bir taleptir. Beden yalnızca kalpten oluşmaz, beynimiz de din derslerinde saçmalıkların ve çelişkilerin boşaltıldığı bir hazne değildir. Beden, yaşadığı her şeyin hatırasını tamamıyla bünyesinde saklayan bir organizmadır. Bu gerçeğe samimiyetle inanan herkes şöyle der: Tanrı, benim gözümde çelişkili olan ve bana hayati zarar veren bir şeye inanmamı bekleyemez.

Terapistlerin -eğer bu şartsa- kendi hakikatimizi bulmamıza yardımcı olmak için ebeveynimizin değer sistemlerine karşı gelmelerini bekleyebilir miyiz? Bir terapiye başlarken –özellikle de bedenlerimizin mesajlarını ciddiye almaya başlayabileceğimiz bir aşamaya geldiysek- bunu bekleyebileceğimize ve beklememiz gerektiğine inanıyorum. Genç bir hanım olan Dagmar, şöyle yazıyor:

> "Annemin kalp rahatsızlığı var. Ona iyi davranmak ve yatağının yanına oturup onunla konuşmak isterdim. Elimden geldiği kadar sık gidip onu görmeye çalışıyorum. Ancak her gidişimde tahammül edilemez baş ağrıları çekiyorum. Geceleri sırılsıklam uyanıyorum ve sonunda intihar düşünceleriyle depresif bir ruh haline bürünüyorum. Rüyalarımda kendimi annemin yerde sürüklediği, ağlayıp duran bir çocuk olarak görüyorum. Bunları nereden çıkartıyorum? Gidip onu görmem gerekiyor çünkü o benim annem. Ama kendimi öldürmek istemiyorum, hastalanmak da istemiyorum. Bana yardım edecek, huzuru nasıl bulacağımı söyleyecek birine ihtiyacım var. Kendime yalan söylemek istemiyorum ve onun sevgili küçük kızını oynayarak anneme de yalan söylemek istemiyorum. Ama kalpsiz biri olmak ve hastalığında onu yapayalnız bırakmak da istemiyorum."

Birkaç yıl önce Dagmar, sonunda kendisine ettiği kötülükler için annesini affettiği bir terapi sürecini tamamladı. Ancak annesinin ağır hastalığı sırasında, çocukken yaşadığı o eski duygular onu yakaladı ve onlarla nasıl başa çıkacağını bilemedi. Annesinin, toplumun, terapistlerinin beklentilerini karşılayamamaktansa hayatına son vermeyi tercih edecekti. Müşfik bir kız olarak annesini ziyaret etmekten başka bir şey istemiyordu, ancak kendisini kandırmadan bunu yapamıyordu. Bedeni bunu çok açık bir biçimde ona söylüyordu.

Bu örnek, ölmek üzere olan ebeveyne karşı asla müşfik davranmamak gerektiğini öne sürmek üzere verilmemiştir. Herkesin kendi karar vereceği bir husustur bu. Ancak bedenlerimiz, bir zamanlar yaşadığımız zulmü çok sert bir şekilde bize hatırlatıyorsa, o zaman başka bir seçeneğimiz yoktur. Bedenimizin bize ne söylediğinizi ciddiyetle dinlememiz gerekir. Kimi zaman yabancılar, ölmek üzere olan ebeveyne daha iyi bakabilirler çünkü onların elinden bir zulüm görmemişlerdir. Kendilerini yalan söylemeye zorlamalarına gerek yoktur, onların yaptıklarının bedelini depresyonla ödemelerine gerek yoktur ve mış gibi yapmak zorunda kalmadan sevgilerini gösterebilirler. Ne var ki, bir oğul ya da kız, inatla gelmeyen iyilik ve empati duygularını toplamak için boşuna mücadele edebilir. Bunun sebebi, yetişkin çocukların, yıllar boyu boşuna besledikleri beklentilerle ebeveynine hâlâ bağlı olmalarıdır. Anne babaları ölürken, hayatları boyunca onların varlığında asla hissetmedikleri kabul ve onayı en son anda hissetmeyi çaresizce ümit ederler. Dagmar şöyle yazıyor:

> "Annemle ne zaman konuşsam, bedenimde bir zehrin dolaştığını ve orada bir yara, ülser açtığını hissediyorum. Bunu öyle görmemeye çalışıyorum çünkü bunu görmek kendimi suçlu hissetmeme sebep oluyor. Sonra yara iltihap toplamaya başlıyor ve her seferinde depresyona giriyorum. Gerçek duygularımı kabul etmeye çalışıyorum ve onları hissetmeye, öfkemin şiddetini görmeye hakkım olduğunu söylüyorum kendime. Her zaman iyi duygular olmasalar da, duygularımı ka-

bul ettiğim zaman, yeniden nefes almaya başlıyorum. Gerçek duygularıma sahip çıkmama izin veriyorum. Bunda başarılı olursam, kendimi daha iyi, daha canlı hissediyorum ve depresyonum geçiyor.

Ne var ki, görünüşe göre, annemi anlamaya, onu olduğu gibi kabul etmeye, yaptığı her şey için onu affetmeye çalışmaktan vazgeçemiyorum. Her seferinde bunun bedelini depresyonla ödüyorum. Bunu fark etmenin yaraları iyileştirmek için yeterli olup olmadığını bilmiyorum ama bana sürekli annemle olan ilişkimi düzeltmem için yardım etmeye çalışan ilk terapistimin aksine yaşadıklarımı çok ciddiye alıyorum. Terapistim onu olduğu gibi kabul edemiyordu. Ben de edemiyordum. Ama gerçek duygularımı ciddiye almazsam kendime nasıl saygı duyabilirim ki? Bunu yapmazsam, kim olduğumu bilemem, kime saygı duymam gerektiğini bilemem."

Yaşlandıkları zaman anne babalarımız için hayatı kolaylaştırmak adına, olduğumuzdan farklı görünme ve belki nihayet onlardan sevgi görebilme arzusu anlaşılabilir. Ancak kendimize karşı samimi ve dürüst olmak yönündeki ve bedenin de desteklediği asıl ihtiyacın tam tersidir bu. Bence bu ihtiyaç tatmin edilebildiği zaman, özsaygı da kendiliğinden gelecektir.

2.5. Gerçeği Hissetmek Yerine Öldürmeyi Tercih Etmek

Kısa bir süre öncesine kadar seri katiller olgusu, genellikle psikiyatri uzmanları tarafından tartışılıyordu. Yetkililer, çocuk suçluların çocukluklarına çok az ilgi gösteriyor ve suçluları bazı insiyakları doğuştan bozuk kişiler olarak görüyorlardı. Son birkaç yılda iyi yönde bir değişim oluyor gibi görünüyor ve olguyu anlamak için daha samimi bir ilgi gösteriliyor. 8 Haziran 2003 tarihinde *Le Monde*'da yayımlanan bir makalede, cani Patrice Alègre'in çocukluğu hakkında şaşırtıcı derecede ayrıntıya giriliyordu ve makalede ele alınan gerçekler, bu adamın ömür boyu hapse mahkum olmasına sebep olan suçları neden işlediğini açıkça ortaya koyuyordu. Böylesi dehşet verici cinayetlerin nasıl işlendiğini anlayabilmek için, ne karmaşık psikolojik kuramlara ne de bazı insanlar kötü doğar şeklindeki fazlasıyla basit varsayımlara gerek vardır. Asıl bilmemiz gereken, çocuğun içinde büyüdüğü aile ortamıdır. Ne var ki, böylesi anlayışlar nadirdir çünkü suçluların anne babalarına neredeyse hep aynı şekilde müsamaha gösterilir ve onlar temize çıkarılırlar.

Le Monde'daki makale ise farklı bir bakış açısına sahipti. Birkaç paragrafta çocukluğunun ana hatları Alègre'in suç kariyerinin altında yatan sebepler hakkında en ufak bir şüphe bırakmayacak şekilde sunulmuştu. Patrice Alègre, çocuk sahibi olmak istemeyen çok genç bir çiftin en büyük çocuğuydu. Babası polisti ve Patrice'in mahkemede söylediklerine göre, eve gelir gelmez oğlunu dövmeye ve azarlamaya başlardı. Patrice babasından nefret ediyordu ve iddiaye göre onu seven annesine sığınıyordu ve annesine hizmet edip duruyordu. Annesi bir hayat kadınıydı ve çocuğu, müşterilerini eğlendirirken gözcü olarak kullanıyordu. Patrice, kapıda duruyor ve herhangi bir tehlike anında (muhtemelen öfkeli babası geldiğinde) haber veriyordu. Patrice, söylediğine göre, yan odada olup biteni her zaman izlemek zorunda olmasa da, kulaklarını kapatamıyordu ve annesinin sürekli olan inlemelerinden anlatılamayacak kadar çok rahatsız oluyordu. Oral seks yaparken onu izleyen küçük bir çocuk olarak bu görüntü onu paniğe sürüklüyor ve korkutuyordu.

Daha sonra bir suçluya dönüşmeden çetrefilli bir kaderden sağ çıkan pek çok çocuk olabilir. Çocukların genellikle bu açıdan neredeyse bitmek tükenmek bilmeyen kaynakları vardır. Böylesi bir çocuk meşhur bile olabilir, tıpkı sonunda kendini öldürecek kadar içen Edgar Allen Poe ya da karmaşık ve trajik çocukluğu ile üç yüz kadar öykü yazarak hesaplaşan Guy de Maupassant gibi. Ancak o da kardeşi gibi psikoz geçirmiş ve kırk iki yaşında bir akıl hastanesinde hayatını kaybetmiştir.

Patrice Alègre, onu hapsolduğu cehennemden kurtarabilecek ve anne babasının işlediği suçları olduğu gibi görmesini sağlayacak tek bir kişi bulacak kadar şanslı değildi. O da dünyanın yakın çevresinden ibaret olduğuna inanmaya başladı. Kendisini bu dünyada kabul ettirmek ve hırsızlık, uyuşturucu, şiddet yoluyla anne babasının her şeye yeten gücünden kaçmak için her şeyi yaptı. Mahkemede kurbanlarına tecavüz ederken cinsel bir arzu duymadığını, yalnızca güçlü hissetme ihtiyacı hissettiğini söylemişti, muhtemelen söyledikleri doğruydu. Yapabileceğimiz tek şey, bu ifadelerin mahkemedekileri neyle karşı karşıya oldukları konusunda aydınlattığını ümit etmektir. Otuz yıl önce bir mahkeme, çocuk katili Jürgen Bartsch'ın hadım edilmesine karar vermişti. Bartsch da annesinin aşırı zihinsel zulmünün bir kurbanıydı. Hadım edilmenin, küçük çocuklara yönelik aşırı cinsel güdülerini engelleyebileceği umulmuştu. Ne korkunç, insanlıkdışı ve cahilce bir hareket! (Miller, 1980)

Mahkemelerin artık şunu anlamaları gerekiyor: Seri katliamlarda etkili olan güç, yok sayılan, ihmal edilen ve hayatı boyunca iktidarsızlığa mahkum edilen bir çocuğun hissettiği her şeye gücü yetme arzusudur. İktidarsızlık duygusunun ensest tecrübesiyle bağlantılı olmadığı sürece, cinsellikle ilgisi çok azdır.

Böylece bu soru varlığını sürdürmeye devam ediyor: Patrice Alègre'in bu kadınlar inlerken onları öldürmekten ve boğmaktan başka bir çaresi yok muydu gerçekten? Bağımsız bir gözlemci hemen farklı kadınlarda aslında tekrar tekrar annesini boğduğunu anlayacaktır. Her seferinde onu bir çocuk olarak tarifsiz eziyetlere maruz bırakan insanı öldürüyordu. Kendisi de bu gerçeğin pek farkında değildi. Bu yüzden kurbanlara ihtiyacı vardı. Bugün bile annesini sevdiğini iddia ediyor. Kendisine yardım edecek kimsesi, onun yanında duran ve annesine karşı ölümcül arzularını kabul etmesine, fark etmesine ve anlamasına yardımcı olacak aydınlanmış bir şahidi olmadığı için, bu arzular içinde hızla çoğalmış ve onu annesi yerine başka kadınları öldürmeye zorlamıştı. Pek çok psikiyatr "Bu kadar basit mi?" diye soracaktır. Yanıtım evettir, ebeveynimize hürmet etmek ve hak ettikleri nefreti hissetmemek için öğrenmek zorunda bırakıldıklarımızdan çok daha basittir bu. Ancak Patrice nefretinin bilincinde olsaydı, hiç kimseyi öldürmezdi. Bu nefret, çok övgü alan bir bağın, annesine olan bağının, onu cinayete götüren bir bağın ürünüdür. Bir çocuk olarak onu koruyacak yalnızca annesi vardı, çünkü babası ile yaşamak sürekli hayati tehlike altında olmak demekti. Babasından tarifi imkansız biçimde korkan bir çocuk, nasıl annesinden nefret etmeyi göze alabilir ya da en azından ondan herhangi bir destek bekleyemeyeceğini fark edebilir? Böylesi bir çocuğun bir illüzyon yaratması ve o illüzyona bağlanması, asılması gerekir. Bu illüzyonun bedeli, bu durumda kurbanları tarafından ödenmişti. Duygular öldürmez. Patrice'in annesinin yarattığı hayal kırıklığının ya da onu boğma arzusunun bilinçli olarak yaşanması, kimsenin öldürülmemesini sağlardı. Böylesi bir ihtiyacın bastırılması, anneye dair bilinçdışındaki bütün olumsuz duygularla bağın koparılması, onu korkunç suçlara yönlendirmişti.

2.6. Uyuşturucular - Bedenin Kandırılması

Bir çocuk olarak bana verilen hasarlara karşı tepkilerimi; öfke, kızgınlık, acı ve korku gibi tepkileri tamamıyla bastırmayı öğrenmek zorunda kaldım. Bastırmasaydım cezalandırılacaktım. Daha sonra okulda bu duyguları dizginleme becerisini geliştirdiğim için gurur duydum. Bu yetiyi bir erdem olarak gördüm ve ilk çocuğumun da aynı türden bir disipline sahip olmasını bekledim. Kendilerine verilen hasarlara uygun şekilde karşılık vermeleri ve ileride gerçek duygularından korkmak yerine onları kerteriz alabilmeleri için duygularını olumlu bir ortamda yaşamaları yasaklanan çocukların çektikleri acıları anlayabildikten sonra ancak kendimi bu tutumdan kurtarabildim.

Ne yazık ki benimle aynı şeyleri yaşayan pek çok kişi var. Çocukken güçlü duygularını gösterememiş, onları gerçekten yaşayamamış ve sonrasında bu tecrübeyi feci bir şekilde ıskalamış insanlar. Terapide bazıları bu bastırılmış duyguları bulup yaşayabiliyorlar. Sonra bu duyguları, kendi tarihleri doğrultusunda anlamlandırabildikleri bilinçli duygulara dönüştürebiliyorlar ve artık korkmaları gerekmiyor. Ancak diğerleri bu yolu reddediyorlar çünkü trajik tecrübelerini, güvenip başkalarına anlatamıyorlar ya da anlatmıyorlar. Günümüzün tüketim toplumunda bu yaygın bir tutum. Yakışık olanın kişinin duygularını göstermemesi olduğu ya da istisnai durumlarda, alkol ya da uyuşturucu kullandıktan sonra duyguların ifade edilebileceği düşünülüyor. Bunun dışında söz konusu kişinin kendi duyguları ya da başkalarının duyguları olsun, duygular alay edilmek içindir. Gösteri dünyasında ve gazetecilikte alay, kazançlı bir metadır; o yüzden kişinin duygularını bastırması çok para kazandırabilir. Kişi nihayet kendisiyle olan bütün bağını koparma, "sahte" bir kişilik ile yalnızca bir maskenin altında "mış gibi" yaşama tehlikesiyle karşı karşıya kalsa da, her zaman sığınacak ilaçlar, alkol ve başka maddeler vardır. Alay iyi kazandırır, para mesele değildir. Alkol keyfimizi yerine getirir, daha güçlü uyuşturucular daha da etkili olur. Ancak bu duygular samimi ve bedenin gerçek öyküsüyle bağlantılı olmadığından etkisi bir süre sonra yok olmaya mahkûmdur. Çocukluğun bıraktığı boşluğu doldurmak için hep daha yüksek doz gerekir.

7 Temmuz 2003 tarihli *Der Spiegel*'de yayımlanan bir makalede başarılı genç bir gazeteci, bir yıl süren eroin bağımlılığının öyküsünü anlatıyor. Makaleden dürüstlüğü ve samimiyeti ile beni derinden etkileyen bazı bölümlere yer vereceğim:

> "Kimi mesleklerde yaratıcılığı artırmak için uyuşturucu almak kariyer açısından bir nimet sayılır. Menajerler, müzisyenler ve diğer medya yıldızları alkol, kokain ya da eroin kullanırlar. Ünlü bir gazeteci ve kronik bir uyuşturucu müptelası, bağımlılığını ve onun getirdiği çifte hayatı anlatıyor.
>
> Noel'den iki gün önce kız arkadaşımı boğmaya çalıştım. Son birkaç yıldır bayram gibi tatillerin öncesi ve sonrasında hayatımın dengesi hep bozuluyor. On beş yıl boyunca eroin bağımlılığımdan kurtulmaya çalışı-

yordum, çeşitli ölçülerde başarılı oldum. Onlarca kez bırakmayı denedim ve iki kez uzun süre hastanede yatarak tedavi gördüm. Birkaç ay boyunca, sıklıkla kokainle birlikte her gün eroin enjekte ettim."

Genç adam dengesini böyle koruyabiliyordu.

"Bu kez yaklaşık iki yıl boyunca işler iyi gitti. Ülkedeki en ilginç gazeteler için yazı yazıyor ve iyi para kazanıyordum. Yazın geniş bir apartman dairesine taşındım. Daha da önemlisi yine aşık olmuştum. Noel'den çok kısa bir süre önce, o gece, kız arkadaşımın bedeni yerde parkenin üstünde kıvranıyor, ellerim boğazını sıkıyordu.

Birkaç saat öncesinde bu elleri saklamak için elimden geleni yapmıştım, ki o sırada onu boğmaya çalışmamıştım henüz. Bir otel odasında oturuyor, Almanya'nın en meşhur tiyatro yönetmenlerinden biriyle mülakat yapıyordum. Bir süre için ellerimin arka yüzündeki ve parmaklarımdaki küçük damarlara uyuşturucu enjekte etmekten başka çarem yoktu. Kollarımdaki damarlar tamamıyla mahvolmuştu. Bu arada ellerim korku filmindeki birinin pençelerine benziyordu; şiş, yangılı ve delik deşik. Uzun kollu kazaklar giyiyordum. Neyse ki kıştı. Yönetmenin güzel, muntazam elleri vardı, sürekli hareket halinde olan, ne diyeceğini düşünürken kayıt cihazımla oynayan eller, kendi hayatına şekil verdiği belli olan eller.

Dikkatimi mülakata vermekte zorlandım. Uçakla gelmiştim, son iğneyi saatler önce, uçağa binmeden yapmıştım. Uçakta eroin taşımak fazlasıyla büyük bir risk olacaktı. Her gün sınırlı bir miktarda satın alarak en azından belirli bir ölçüde kullanmaya çalışıyordum. Ancak günün sonunda işler zorlaşıyordu. Çok gergin oluyor, sürekli soğuk terler döküyordum. Eve gitmek istiyordum. O sırada bir şeye dikkatimi vermek, fiziksel çaba göstermemi gerektiriyordu. Bir şekilde mülakatı atlattım. Uyuşturucunun verdiği azaptan daha çok korktuğum bir şey varsa, o da işimi kaybetmekti. On yedi yaşımdan beri hep kendi paramı, yazarak kazanmayı hayal etmiştim. On yıl önce hayalim gerçek olmuştu. Kimi zaman işimin, hayatımın elimden kalan son küçük parçası olduğunu düşünürdüm."

Elinde kalan tek şey işiydi. İş demek kendine hakim olmak demekti. Ancak gerçek hayatı neredeydi? Duygularına ne olmuştu?

"O yüzden işime sımsıkı tutundum. Ne zaman bana bir iş verilse, onu yapamama korkusu içimi kemiriyordu. Bütün o seyahatlerle, mülakatlarla, makalelerle nasıl başa çıktığımı anlayamıyordum.

İşte bu otel odasındaydım, başarısızlık korkusu, utanç duygusu, kendinden nefret ve uyuşturucu açlığı ile acılar içinde kıvranıyordum. Yalnızca kırk beş dakika kalmıştı, sonra hepsini atlatacaktım! Yönetmenin cümlelerini etkili el hareketleriyle süslemesini seyrediyordum. Birkaç saat sonra kendi ellerimin kız arkadaşımın boğazını sıktığını gördüm."

Uyuşturucular, korkuyu ve acıyı o kadar etkili bir şekilde bastırabilir ki, bunları alan, uyuşturucunun etkisi geçmeden gerçek duygularıyla yüzleşmek zorunda kalmaz. Ancak bu yaşanmamış duygular, uyuşturucunun etkisi geçmeye başlar başlamaz, daha da amansız bir şekilde vurur. İşte o haldeydi.

> "Mülakattan sonraki dönüş yolculuğu tam bir cehennem azabıydı. Taksideyken çok halsiz düşmüştüm, bir yandan sıtma nöbeti geçirirken öte yandan ara sıra daldığım uykudan panik içinde sıçrayarak uyanıyordum. Soğuk bir ter boşandı üzerimden. Uçağı kaçırmak üzereydim. İğne için bir buçuk saat daha bekleyecek olmama katlanamıyordum. Her doksan saniyede bir kasılarak saatime bakıyordum.

Bağımlılık insanı zamana düşman eder. Hep beklersiniz. Sürekli, sonsuz bir zaman döngüsüne yakalanmış gibi bekler, beklersiniz. Acınızın bitmesini beklersiniz, uyuşturucu satıcısını, bir sonraki maaşınızın yatmasını, klinikte bir yer açılmasını, günün bitmesini beklersiniz. Her şeyin bitmesini. Her iğneden sonra saat sizin aleyhinize işler, insafsızca, acımasızca.

Belki de bağımlılığın en büyük kahpeliği, insanı her şeye ve herkese düşman etmesidir: Zamana, feryat eden ve kıvranan bedenine, üzüntülerini defedemediğin arkadaşlarına ve ailene, başaramayacağını hissettirmekten başka bir halta yaramayan dünyaya. Hiçbir şey hayatı bağımlılık kadar acımasızca şekillendiremez. Hiçbir şüpheye yer bırakmaz, karar vermene bile izin vermez. Tatmin, mevcut uyuşturucu miktarına bağlıdır. Bağımlılık dünyanı yönetir.

O gün öğleden sonra evden yalnızca birkaç yüz kilometre uzaktaydım, ancak sanki dünyanın diğer ucundaymış gibi hissediyordum. Ev, uyuşturucunun beni beklediği yerdi. Uçağa zamanında yetişmem bana yalnızca kısa süreli bir rahatlık sağlamıştı. Uçak geç havalandı. Tekrar o sersem hale döndüm. Ne zaman gözlerimi açsam uçağın hâlâ kalkmadığını görüyordum, ağlayacaktım neredeyse. Yavaş yavaş bütün bedenimde, kemiklerimde onun eksikliği hissetmeye başladım. Kollarım bacaklarım ağrımaya başladı, sanki kaslarım sinirlerim çok kısaydı."

Savuşturulan duygular, tekrar kendilerini hissettirir ve bedeni ele geçirir.

"Evde Monika beni bekliyordu. O gün öğleden sonra genç ve zenci bir genç adam olan uyuşturucu satıcımızla irtibata geçmiş ve eroinle kokain satın almıştı. Öyle anlaşmıştık: Ben parayı kazanıyordum, o da uyuşturucuyu alıyordu.

Keşlerden nefret ediyordum, o manzarayı mümkün olduğunca az görmek istiyordum. İşte editörlerle temasım sınırlıydı, e-posta ve faks yoluyla iletişim kuruyordum; telefona yalnızca telesekreterdeki mesajlardan mecbur olduğumu anladığım zaman yanıt veriyordum. Arkadaşlarımla konuşmaktan çok uzun süre önce vazgeçmiştim, onlara söyleyecek bir şeyim de yoktu ya.

Daha önceki haftalarda olduğu gibi, saatlerim banyoda tamamıyla mahvolmamış bir damar aramakla geçiyordu. Kokain damarları tahrip eder, steril olmayan iğnelerle sayısız enjeksiyon ise geri kalanını halleder. Banyom bir mezbahaya benziyordu; lavaboda, yerde, duvarlarda ve tavanda kan lekeleri vardı.

O gün yaklaşık bir gram eroin tüttürerek bütün o kriz belirtilerini savuşturmuştum. Kahverengi toz ısınan tepside buharlaşır, siz de o dumanı çekebildiğiniz kadar derin içinize çekersiniz. Duman ciğerlerinize indikten sonra, etkilerini hissetmek için birkaç dakika beklemeniz gerekiyor. Bir sonsuzluk duygusu verir. Yavaşça ve ağır ağır zihni sarar, kuşatır, ancak o özgürleştirici zevk bir türlü gelmez, tıpkı orgazma ulaşmayan bir seks gibi.

Dumanı içime çekmek benim için bir işkenceydi, astımım var. Ciğerlerim sonunda zangır zangır titremeye başladı, aldığım her nefes bir bıçak gibi deldi geçti ve içimi parçalayan bir bulantıya sebep oldu. Verimsiz olan her iğne vurma girişimim paniğimi daha da artırdı.

Zihnim imgelerle, sözcüklere dökülemez müthiş yoğunlukta mutluluk anlarıyla doluydu. On dört yaşında haşhaştan zevk almayı öğrendiğim zamana benziyordu, çünkü aniden yalnızca müziği duymuyor, aynı zamanda bütün bedenimde hissediyordum. LSD'nin yayalar için trafik ışıklarının önünde, uçuşan renklerin beynimde küçük patlamalara yol açmasının verdiği şaşkınlıktan ağzım açık bir şekilde durmamı sağlamasına benziyordu. Yanımda arkadaşlarım vardı, hepimiz büyülü bir birlik duygusu içindeydik. Vurduğum ilk iğnenin anısına benziyordu, ilk sevişme tecrübesi kadar insanın aklını başından alan bir şeydi, eroin ve kokain karışımı sinir hücrelerimi tir tir titretiyordu, etten kemikten devasa bir Çin gongu gibiydim. Eroinin ruhu yatıştırıcı, yumuşatıcı etkisine dair anılar, bir fetüsü sarmalayan kese gibi insanı sımsıcak sarar."

Bu adam, uyuşturucu olmadığında, gerçek ihtiyaçların ve duyguların geri döndüklerinde ne kadar kuvvetli olduklarını anlatıyor. Gerçek yoksunluk, terk edilmişlik ve öfke duyguları, bir panik hali yaratır, o yüzden eroinin yardımıyla püskürtülmeleri gerekir. Aynı zamanda uyuşturucu; arzu edilen, olumlu duyguların yaratılması için bedeni uyarır. Elbette aynı mekanizma, tıpkı reçete edilen ilaçlar ya da alkol gibi yasal uyuşturucuların kullanılmasından sonra da etkilidir.

Uyuşturucu bağımlılığının feci etkileri olabilir çünkü gerçek duygulara götüren yolu tıkar. Uyuşturucu, zulmün eşlik ettiği bir yetiştirilişten dolayı bozulmuş yaratıcılığı tekrar canlandıran mutluluk ve coşku duyguları yaratabilir. Ancak beden, bütün hayatı boyunca kendine yabancılaşmayı kaldıramaz. Kafka ve diğerlerinde yazma ve resim gibi yaratıcı etkinliklerin bir süre insanı ayakta tutabileceğini, ancak erken yaştaki suistimalin kaybettirdiği canlılığın gerçek kaynağına –en azından kişi kendi hikayesini keşfetmekten korkmadığı sürece- tekrar ulaşmayı sağlayamayacağını görmüştük.

Özellikle Rimbaud bu konuda yürek burkan bir örnektir. Uyuşturucu, gerçekten ihtiyaç duyduğu duygusal besinin yerine geçemiyordu ve bedeni gerçek duyguları konusunda kandırılamıyordu. Annesinin yıkıcı etkisini tam olarak anlamasını sağlayabilecek biriyle tanışsaydı, kendisini bunun için cezalandırmaya artık ihtiyaç duymayacaktı ve hayatı farklı bir yöne doğru gidebilirdi. Ancak bütün kaçma girişimleri, başarısız olmaya mahkumdu ve sürekli annesine geri dönmek zorunda kalıyordu.

Rimbaud gibi Paul Verlaine'in hayatı da erken bir ölümle son buldu; kırk bir yaşında bütün mali kaynaklarını tamamıyla tüketen uyuşturucu bağımlılığı ve alkolizm yüzünden sefalet içinde öldü. Ancak pek çok kişide olduğu gibi, bunun gerçek sebebi, annesinin hakimiyetine ve (çoğunlukla para yoluyla) manipülasyonuna direnmeden, kendisini genel olarak kabul gören bir emre katlanmak zorunda bırakması ve bunun farkında olmamasıydı. Daha gençken Verlain, madde bağımlılığı yardımıyla ve kendini çabasıyla annesinin hakimiyetinden kurtulmayı büyük bir hevesle istese de, sonuna kadar hep geçimini ona para veren, çoğu fahişe olan kadınlardan sağlamıştı.

Uyuşturucular, her zaman insanları bağımlılıktan ve annenin kısıtlamalarından kurtarmaz. Kimi zaman yasal uyuşturucular (alkol, nikotin, tıbbi ilaçlar) annenin yarattığı boşluğu doldurmak için kullanılır. Çocuk, annesinden ihtiyaç duyduğu besini alamaz ve hayatının daha ileriki dönemlerinde bunun telafisini bulamaz. Uyuşturucular olmadan, bu boşluk bir fiziksel açlık duygusu, midenin kazınması ve kasılması olarak ortaya çıkar. Muhtemelen bağımlılığın temelleri hayatın en başında atılır, bulimia ve diğer yeme bozukluklarında olduğu gibi. Beden, acilen bir şeye *ihtiyaç* duyduğunu, küçük bir bebekken ondan esirgenen bir şey olduğunu açıkça ortaya koyar. Ancak bu mesaj, duygular yok sayıldığı sürece yanlış anlaşılır. Buna göre, küçük bir çocuğun yaşadığı ızdırap, *mevcut* bir ızdırap olarak kaydedilir ve bütün bu ızdırapla mücadele etme girişimleri başarısız olmaya mahkumdur. Yetişkinler olarak farklı ihtiyaçlarımız vardır ve bunları ancak bilinçdışındaki eski ihtiyaçlarımızla artık eşleştirmediğimiz zaman doyurabiliriz.

2.7. Farkında Olmalıyız

Bir hanım bana yazdığı mektupta, terapi gördüğü yıllarda anne babasını, çocukken kimi zaman maruz kaldığı tehlikeli fiziksel saldırılar için affetmeye kalkıştığını söylemişti. Sonunda annesinin psikozda olduğu ortaya çıkmıştı. Kızı, kendisini onu ne kadar bağışlamaya zorlasa, depresyonu o kadar derinleşiyordu. Bir zindana hapsolmuş gibi hissediyordu. Resim yapmak, intihar duygularını zihninden uzaklaştırmasını ve hayatta kalmasını sağlayan tek şeydi. Bir sergi düzenledi ve resimlerinden bazılarını sattı. Aracılar gelecek için büyük bir umut vadettiğini söylediler. Buna çok sevinip annesine güzel haberi verdi. Annesinin verdiği karşılık da çok şevk vericiydi: "Şimdi çok para kazanacaksın ve bana bakabileceksin."

Bunu okuyunca Klara adlı bir yakınım aklıma geldi. Yeniden doğmuş gibi hissedeceği için sabırsızlıkla beklediği emeklilik yaşına geldiği gün, gayet sağlıklı olan ve müthiş bir ticari zekaya sahip dul babasının ona şöyle dediğini söylemişti: "Nihayet şirketi yönetmeme yardım etmek için zamanın olacak." Bu kadın, hayatının büyük bir bölümünü kendisinden çok başkalarına bakmak için harcamıştı. Ne var ki, babasının bu sözünün onun için yeni ve ağır bir yük olduğunun dahi farkında değildi. Bunu gülerek, neredeyse sevinerek söylemişti. Ailesinin geri kalanı da babasının uzun süredir sekreterliğini yapan kişinin ölümüyle arkasında bıraktığı boşluğu onun doldurmasının zamanının geldiğine inanıyordu. Nihayet zamanı vardı. (Zavallı Klara, kendisini babası için feda etmeyip de yeni bulduğu özgürlüğü ne yapacaktı ki?) Birkaç hafta sonra Klara'nın pankreas kanserine yakalandığını duydum. Kısa bir süre sonra da öldü. Korkunç bir acı çekmişti ve babasının söylediklerini ona hatırlatma girişimlerim başarısız olmuştu. Babasını çok sevdiği için, hastalığının onu babasına yardım etmekten alıkoyacağından dolayı çok üzgündü. Bu hastalığın neden şimdi onu vurduğuna dair hiçbir fikri yoktu. Hiç hasta olmamıştı, herkes onun mükemmel sağlığına imrenirdi. Klara, yetiştirildiği geleneklere çok bağlıydı ve görünüşe göre gerçek duygularının pek farkında değildi. Bedeni sonunda kendisini ortaya koymuştu, ne yazık ki ailesinde bedeninin ona ne söylemek istediğini anlamasına yardımcı olacak hiç kimse yoktu. Yetişkin çocukları da yapabilecek olsalar bile bunun için bir çaba göstermemişlerdi.

Daha önce sözünü ettiğim ressamın durumu ise çok farklıydı. Annesinin, resimlerin iyi sattığı yönündeki haberlere gösterdiği tepkiden çok rahatsız olduğu açıktı. Birkaç ay boyunca resim yapma şevkini kaybetti ve depresyonu nüksetti. Sonra çareyi annesini ziyarete gitmeyi bırakmakta ve annesiyle aynı bakış açısına sahip arkadaşlarından uzaklaşmakta buldu. Annesinin durumunu yakınlarından gizlemeyi bıraktı ve gerçek duygularını ifade etmeye başladı. Neredeyse hemen enerjisi yerine geldi ve resim yapma şevkini geri kazandı. Annesi hakkındaki gerçeği olduğu gibi kabul edince ve ona bağlılık duymaktan zamanla vazgeçince enerjisi yenilendi. Bu bağlılık, kısmen şefkatten ve kısmen annesini mutlu etme ve böylece nihayet ondan hiç görmediği sevgiyi görme beklentisinden kaynaklanıyordu. Ancak şimdi annesini asla sevemeyeceği gerçeğini kabul etmişti ve ayrıca artık bunun sebebini biliyordu.

Böylesi iyi sonu olan hikayeler halen nadirdir. Ancak zaman içinde, biz küçükken bizleri suistimal eden anne babalarımıza hiçbir minnet ve fedakarlık borcumuzun olmadığını anladıkça, bu hikayelerden daha fazla görüleceğine inanıyorum. Bu fedakarlıklar hiç var olmamış, idealize edilmiş, hayali anne babalar için yapılır. Neden hayaller uğruna kendimizi feda etmeye devam ediyoruz ki? Neden gençken yaşadığımız işkenceleri bize hatırlatan ilişkilerin tutsağı oluyoruz ki? Çünkü bir gün bunun değişeceğini umuyoruz, sihirli sözcüğü bulabilir, doğru tavrı takınır ve doğru anlarsak değişecek sanıyoruz. Ancak bu, tıpkı çocukluğumuzdaki gibi sevgi görmek için eğilip bükülmemiz anlamına gelir. Bugün yetişkinler olarak çabalarımızın suistimal edildiğini, bunun gerçek anlamıyla sevgi olmadığını biliyoruz. Peki neden bizi herhangi bir sebep yüzünden küçükken sevememiş insanlardan sevgi bekliyoruz?

Bu umudu bırakabilirsek, beklentiler de yok olacaktır. Hayatlarımızda sabit bir etmen olan kendimizi kandırma da onlarla birlikte yok olup gidecektir. Sevilmeye değmediğimize artık inanmayız, sevilmeye değer olduğumuzu ispat etmemiz gerektiğine artık inanmayız. Suç bizde değildir. Anne babamızın kendilerini içinde buldukları durum, kendi yaşadıkları çocukluk travmaları için ne yaptıkları, kaydettikleri (ya da kaydedemedikleri) ilerleme bu travmalarla hesaplaşıp uzlaşır. Bütün bunları değiştirmek için yapabileceğimiz hiçbir şey yoktur. Yapabildiğimiz tek şey, kendi hayatlarımızı yaşamak ve tutumlarımızı buna göre değiştirmektir. Terapistlerin çoğu, böylesi tutum değişikliklerinin ebeveynimizle olan ilişkilerimizi iyileştirebileceğine inanır, çünkü yetişkin çocukların tutumları ne kadar olgun olursa, çocuklara gösterilen saygı da o kadar artacaktır. Bu kesin olarak teyit edebileceğim bir inanç değildir. Bunun aksine, benim kendi tecrübem şunu gösterir; çocukken kendilerine gaddarca davranmış anne babaların yetişkin çocuklarına karşı hayranlık ve memnuniyet duymak üzere olumlu değişiklikler göstermesi nadirdir. Tam tersi olur. Genel tepki, kıskançlık ve geri çekilme belirtileridir; bunlara kızlarının ya da oğullarının eskisi gibi olma isteklerinin ifade edilmesi eşlik eder, yani itaatkar, kayıtsız şartsız olarak sadık, gördükleri zulüm ya da önemsemez tavır karşısında hoşgörülü olmaları ve nihayet depresif ve mutsuz olmaları istenir. Yetişkin çocuklarının farkındalıklarının artması, pek çok anne babayı korkutur ve vakaların çoğunda ilişkide herhangi bir gelişme olduğuna dair bir belirti yoktur. Ne var ki, bir sonraki örnekteki gibi, bu kimi zaman mümkün olur:

Uzun süre nefret duygularıyla kendisine eziyet eden genç bir kadın, nihayet annesine "Küçükken bana yaptığın anneliği sevmiyordum. Senden nefret ediyordum ve bunun farkında bile değildim" diyecek cesareti toplamıştı. Yalnızca kendisinin değil, annesinin de bu ifadenin karşısında rahatladığını görmek onu şaşırtmıştı. Derinlerde bir yerde ikisi de ne hissettiklerini biliyorlardı. Artık bu gerçek söze dökülmüştü. Ondan sonra yeni ve dürüst bir ilişki kurmaya başlayabileceklerdi.

Zoraki sevgi, sevgi değildir. Zoraki sevgi, yalnızca herhangi samimi bir iletişimin olmadığı, aslında var olmayan bir sıcaklık ve samimiyet taklidinin yapıldığı, kini hatta nefreti maskelemek üzere yaratılmış yapmacık bir şefkat ifadesinden ibaret "sahte" bir ilişkiye yol açar. Asla gerçek bir karşılaşmaya yol açamaz. Mişima'nın yapıtlarından birinin adı *Bir Maskenin İtirafları*'dır. Bir maske, arkasında duran insanın yaşadıklarını nasıl samimiyetle anlatabilir ki? Anlatamaz. Mişima'nın yapıtında anlatılan hikaye bütünüyle zihinseldir. Mişima'nın yapabildiği şey, olan bitenin *sonuçlarını* anlatmaktır, ancak bu gerçekler ve onlara eşlik eden duygular, onun bilinçli zihninin erişebildiği bir yer değildir. Sonuçlar, kendilerini patolojik, sapıkça fantazilerde "soyut bir ölme isteği" diyebileceğimiz durumlarda gösteriyordu. Büyükannesinin odasına yıllarca hapsedilmiş küçük bir çocuğun gerçek duygularına, yetişkin hali erişemez.

Böylesi maskeli iletişimlere dayalı ilişkiler değişemez. Ne iseler ondan ibaret kalırlar, yani iletişimsizlikten ibarettirler. Gerçek bir ilişki, her iki taraf da duygularını itiraf edebilirse, bu duyguları korkmadan yaşayıp birbirlerine ifade edebilirse mümkün olur. Bunun gerçekleşmesi iyi ve mutluluk vericidir. Ancak bu nadir görülür çünkü her iki taraf da herhangi samimi bir alışverişi engelleyen, alıştığı maskeyi ya da yüzü bırakmaktan korkar.

Böylesi bir alışverişi neden ihtiyar anne babalarımızda, diğer bütün insanlarda aramalıyız? Kelimenin tam anlamıyla eşlerimiz, ortaklarımız değillerdir artık. Onları bize bağlayan hikaye, kendi çocuklarımız olduğu ve kendimiz için seçtiğimiz eşlerle samimi bir ilişki kurabildiğimiz an biter. Pek çok kişinin hasret olduğu huzur, bize dışarıdan verilebilen bir şey değildir. Pek çok terapist, huzuru affederek bulabileceğimize inanır, ancak bu görüşü gerçekler sürekli çürütür. Rahiplerin her gün Tanrı'ya dua ettiklerini biliriz, bu da affedilmek için dua ettikleri anlamına gelir. Hem kendi günahlarının hem de onlara karşı işlenen günahların affedilmesi için dua ederler. Ancak bu durum, bazılarını, bir suç işledikleri gerçeğini bastırarak çocukları ve gençleri tekrar tekrar suistimal etmekten alıkoymaz. Böylece kendi anne babalarını korurlar ve onların işledikleri suçların farkında olmazlar. Bu yüzden affetmek için vaaz vermenin, yalnızca riyakar ve beyhude değil, aynı zamanda tehlikeli olduğuna inanıyorum. O dürtüyü maskeleyerek tekrar etmesine sebep olur.

Bizi tekrardan kurtarabilecek tek şey, hakikatin, gerçeğin bütün sonuçlarıyla birlikte kabul edilmesidir. Anne babalarımızın bize ettiklerini mümkün olduğu kadar doğru bir şekilde anladıktan sonra, artık onların yanlışlarını tekrar etme tehlikesiyle karşı karşıya kalmayız. Aksi halde, yetişkin olmak ve kendi hayatımızı huzur içinde yaşamak istiyorsak, bizi istismar eden ebeveynimize duyduğumuz çocuksu bağı koparabileceğimiz ve aslında koparmamız gerektiği fikrine bütün gücümüzle direnir ve otomatik olarak yaşadıklarımızı tekrar ederiz. Çocukken yaşadığımız karmaşadan, istismarı anlama ve anlamlandırma çabalarımızdan kaynaklanan karmaşadan vazgeçmemiz gerekir. Yetişkin olarak bunu yapabiliriz, terapide ahlakın içimizde taşıdığımız yaraların iyileşme yolunu nasıl tıkadığını anlayabiliriz.

Bu farkındalığın nasıl geliştiğine dair bazı örnekler vereyim. Genç bir hanım, hem iş hem de özel hayatında başarısız olduğuna inandığından çaresizlik içindeydi. Şöyle yazmıştı:

> "Annem benim bir hiç olduğumu, asla bir şey başaramayacağımı söyledikçe, her şeyde o kadar başarısız oldum. Annemden nefret etmek istemiyorum, onunla barışmak, onu affetmek istiyorum ki nefretimden nihayet kurtulabileyim. Ancak yapamıyorum. Nefret duygum bir av gibi onun ağına düştüğümü, sanki onun

benden nefret ettiğini hissettiriyor. Ancak bu doğru olamaz. Ben nerede hata yaptım ki? Onu affetmeyi başaramazsam, acı çekeceğimi biliyorum. Terapistim anne babamla savaştığımda, kendimle savaşmış gibi olduğumu söylüyor. Elbette bütün kalbimle affedemediğimiz zaman, gerçekten affetmiş olmadığımızı biliyorum. Tam bir kördüğüm yaşadığım. Onları affedebildiğim, onlara merhamet duyduğum zamanlar oluyor. Sonra hiddetim geri dönüyor, bana yaptıkları karşısında isyan ediyorum ve onları görmek istemiyorum. Kendi hayatımı yaşamak istiyorum, huzur içinde olmak ve bana vurdukları, beni aşağıladıkları ve neredeyse eziyet ettikleri zamanları düşünmemek istiyorum."

Bu hanım, anne babasıyla savaş içinde olduğuna inanmıştı. Terapisti bunu ona söylemişti, anılarını ciddiye alması ve bedeninin ona söylediklerine kulak vermesi kendisiyle savaşmasıyla aynıydı. Bu yargının sonucunda bu hanım kendi hayatı ile anne babasının hayatı arasında bir fark göremiyordu, kendi kimliği yoktu ve kendisini yalnızca anne babasının bir parçası olarak görüyordu. Hastanın bu korkuyla ve karmaşayla zehirlenmiş olmasına şaşmamalı. Sonuç olarak kendi çocukluğunun hikayesini keşfetmeye cesaret edemeyecek ve bedeninin bu gerçekle yaşamasına izin veremeyecek.

Bir başka durumda da çok zeki bir hanım, anne babasını suçlamak niyetinde olmadığını yazmıştı. Çocukken dövülmesine ve cinsel istismara uğramasına rağmen, anne babasıyla güzel günler de yaşamıştı. Terapisti onu iyi ve kötü zamanları kıyaslamaya teşvik etmişti ve ona bir yetişkin olarak mükemmel ebeveyn diye bir şey olmadığını, bütün anne babaların hata yaptığını anlaması gerektiğini söylemişti. Ancak mesele bu değildi. Asıl mesele, yetişkin kadının, bir zamanlar olduğu küçük kıza, acı çektiği fark edilmeyen, anne babasının çıkarları için kullanılan ve kimse onun acılarını düşünmese de olağandışı yetenekleri sayesinde bu beklentileri gayet iyi karşılayan o küçük kıza empati beslemesi gerektiğiydi. Şimdi o acıyı yaşayabildiği ve içindeki çocuğa gerçek iyi arkadaş olabildiği bir aşamaya ulaştıysa, yapması gereken en son şey, iyi anlarla kötü anları kıyaslamaktır. Böyle yaparsa, anne babasının isteklerini –onları sevmesi, affetmesi, güzel zamanları hatırlaması şeklindeki isteklerini– yerine getirmek için elinden gelenin en iyisini yapan küçük kız rolüne tekrar bürünecektir. Bir çocuk olarak anne babasının çelişkili mesajlarını ve davranışlarını anlama umuduyla bunu hep yapmıştı. Ancak içindeki bu "çalışma" onun kafasını daha da çok karıştırmıştı. Çocuğun, annesinin kendi duygularına karşı korunmak üzere içinde bulunan bir kaleye sığındığını ve çocuğunun ihtiyaçlarına karşı herhangi bir hassasiyeti olmadığını anlaması tamamıyla imkansızdı. Bir yetişkin olarak bunu anlarsa, çocuğun karşılıksız beklentilerinde ısrarcı olmamalı, nesnel bir değerlendirmeye ulaşmaya çalışmamalı, iyi anılarla kötü anıları kıyaslamamalıdır. Kendi duyguları doğrultusunda hareket etmelidir ki duygusal olan her şey gibi bu duygular da tamamıyla özneldir. Kendisine şu soruları sormalıdır: "Çocukluğumda bana eziyet eden neydi? Neyi hissetmeme izin vermedim?"

Bunlar acı çeken, konuşamayan çocuğun bakış açısını anlamasını ve yıkıcı olduğuna inandığım bir bağlılığın koparılmasını sağlayacaktır. Söylediğim gibi, bağlılık; minnet, şefkat, inkar, özlem, kötü şeylerin üstünü kapatma ve hep karşılanmadan kalacak beklentilerden oluşur. Yetişkinliğe götüren yol, maruz kalınan zulmün hoşgörülmesinden değil, kendi gerçeğimizin anlaşılmasından ve kötü davranılan çocuk için empati geliştirilmesinden geçer. Kötülüklerin hayatlarımızı nasıl kötürüm bıraktığını, pek çok fırsatın nasıl yok edildiğini ve bir sonraki nesle istemeden nasıl müthiş bir ızdırabın aktarıldığını birer yetişkin olarak anlamamızdan geçer. Ancak anne babalarımızın iyi ve kötü yanlarını tartmaktan vazgeçersek, bu trajik farkındalığı kazanabiliriz. İyi ve kötü yönleri tartmakta ısrarcı olursak, tekrar şefkate, maruz kaldığımız zulmün inkarına geri döneriz, çünkü "dengeli" bir bakış açısına sahip olmamız gerektiğine inanırız. Kanımca bu bir zamanlar çocukken gösterdiğimiz çabaları yansıtır. Yetişkin bakış açısı, bu dengeleme sürecini reddetmelidir, çünkü kafa karıştırır ve hayatlarımıza müdahale eder. Elbette çocukken hiç dövülmemiş, asla cinsel istismara maruz kalmamış çocukların bu çalışmayı yürütmesi gerekmez. Ebeveyninin eşliğinde iyi duygularının tadını çıkarabilir, buna sevgi diyebilir ve kendilerini herhangi bir şekilde inkar etmeleri gerekmez. Böylesi bir "çalışmanın" yükü, suistimal edilmiş ve kendilerini kandırmanın bedelini fiziksel hastalıklarla ödemek istemeyen bireylerin sırtındadır.

Örneğin, bir hanım internette anne babamızla temasımızı koparırsak bunun kendimiz için bir faydası olmayacağını okumuş. Böyle yaparsak sürekli peşimizde olduklarını düşünürüz. İnternet sayfamdaki foruma bunun kendi tecrübesi olduğunu yazmış. Anne babasını ziyaret etmeye son verdikten sonra, gece gündüz onları düşündüğünü ve kalıcı bir kaygı hali yaşadığını söylüyor. Bu gayet anlaşılır bir durum. Sürekli bir panik halinde olmasının sebebi, internetteki sözde uzmanların anne babasından duyduğu korkuyu pekiştirmesidir. Aşıladıkları ahlaka göre, bireyin kendi hayatı üzerinde hiçbir hakkı, duyguları ve ihtiyaçları yoktur. İnternette bu konuda çok az şey bulunabileceğine inanıyorum çünkü internet binlerce yıl sahip olduğumuz zihniyetin sadık bir yansımasıdır. Verdiği mesaj şudur: Anne babanıza hürmet edin ve uzun yaşayın.

Birinci bölümdeki dünyaca ünlü yazarların özet niteliğindeki yaşam öyküleri, durumun her zaman böyle olmadığını gösteriyor, özellikle de söz konusu bireyler hassas ve üstün yetenekli iseler. Ancak uzun bir hayat sürmek, Dördüncü Emir'de ima edilen tehdidin haklı olduğunu göstermez. Tam tersi. Hayatın uzunluğu bize o hayatın niteliği hakkında hiçbir şey söylemez. Buradaki asıl mesele şudur: Anne ve babalar ve büyükanne-büyükbabalar sorumluluklarının farkında olmalı, çocuklarının ve torunlarının pahasına onları cinsel istismar, dayak ve sözde onlar için iyi olan diğer zulüm türlerine maruz bırakan atalarına hürmet göstermemelidirler. Anne babanın, aslında kendi anne ve babasına duyduğu derinlerdeki güçlü hisleri çocuklarına yansıtarak o yükten kurtulabildikleri doğrudur. Ancak bu çocuklar, kendilerini -en azından görünüşte- onlardan geri çektikleri zaman çabucak hasta düşebilirler.

Bugünün çocukları ve torunları, çocukken gördüklerinin ve hissettiklerinin farkında olabilirler ve bunlara inanabilirler. Kendilerini kör olmaya zorlamalarına gerek yoktur. Böylesi zoraki bir körlüğün bedelini, gerçek sebepleri çok uzun süre gizli kalan fiziksel ve zihinsel bozukluklarla ödediler. Gerçeklerin üstünü kapatmaya gizlice izin vermeyi bırakırlarsa, kendilerini şiddetin ve kendini kandırmanın zincirlerinden kurtarabilirler ve bundan böyle kendi çocuklarından da böylesi fedakarlıklar talep etmezler.

Kısa bir süre önce bir televizyon programında nörodermatiti olan çocukları gösteriyorlardı. Nörodermatit, bütün bedenin sürekli kaşındığı büyük rahatsızlık veren bir durumdur. Uzmanlar, açıkça bu durumun tedavisi olmadığını söylediler. Ancak bunun olası ruhsal sebepleri üzerinden hiç söz edilmedi. Çarpıcı olan şuydu; bu çocuklar, aynı sorundan muzdarip başka çocuklarla hastanede bir araya geldikleri zaman, durumlarında bir iyileşme görülmüştü ve hatta bazı durumlarda kaşınma tamamıyla geçmişti. Böylesi birlikteliklerin bir şifa etkisi olduğu açık çünkü çocuklara bu gizemli durum konusunda yalnız olmadıkları hissini veriyor.

Bu programdan kısa bir süre sonra Veronika adında, psikoterapi sırasında nörodermatit geçiren ve bu durumun babasına duyduğu vahim bağlılığı sona erdirmesini sağladığını fark eden bir kadınla tanıştım. Veronika beş çocuğun en küçüğüydü ve ablalarının cinsel tacizine uğramıştı. Annesi alkolikti, Veronika annesinin kendi varlığına tehdit oluşturan beklenmedik öfke patlamalarına maruz kalıyordu. Bu durumda küçük kız, çaresizce babasının gelip onu kurtaracağı umuduna sarılmıştı. Veronika hayatı boyunca babasını idealize etmişti, ne var ki kişiliğinin böyle değerlendirilmesini haklı çıkaracak herhangi bir sebep ya da anı yoktu ortada. Babası da alkolikti ve bütün kızlarına gösterdiği tek ilgi, cinsel ilgiydi. Ancak Veronika bu gerçeği inkar ediyordu, elli yıl boyunca bu makul olmayan umuda ve yanılsamaya yapışıp kalmıştı. Terapi sırasında kendisini anlatamadığı ve yardım beklediği insanlarla karşılaşınca ağır kaşınma nöbetleri geçirdi.

Veronika uzun süredir bu kaşınmanın nasıl başına bela olduğunu anlayamadığını ve hiçbir şey yapamadığını anlattı. Yalnızca kaşınma ihtiyacı çok güçlü olunca öfkeleniyordu. Sonradan anlaşıldı ki, bütün ailesine –özellikle de ona ihtiyaç duyduğunda asla orada olmayan babasına- karşı duyduğu hiddetten dolayı bedeninde döküntüler oluyordu. Onu suistimal etmek dışında hiçbir şey yapmayan bir ailenin içindeki yalnızlığına katlanabilmesi için babasına bir kurtarıcı rolü biçmişti. Elbette bu kurtarılma hayalinin elli yıl sürmesi bütün hiddetini daha da artırmıştı. Ancak terapistinin yardımıyla nihayet şunu keşfetti: Ne zaman bir duygusunu bastırmaya çalışsa, hep kaşınmaya başlıyordu. Bu duyguyu kabul edip yaşayana kadar ona huzur vermiyordu. Duyguları sayesinde, aslında babası hakkında hiçbir temeli olmayan bir hayal kurduğunu nihayet açıkça gördü. Sevgili babasının gelip onu annesine ve ablalarına karşı korumasını ve onun ızdırabını anlamasını bekliyordu. Dışarıdan bakıldığı zaman, bu hayalin hiçbir zaman gerçekleşmeyeceği gün gibi belliydi. Ancak Veronika için böylesi gerçekçi bir bakış, kesinlikle anlaşılabilir değildi, bu gerçeği kabul ederse ölecekmiş gibi hissediyordu.

Bu durum anlaşılabilir. Bedeninin içinde korunmasız çocuk, babasının sonunda onun yardımına koşacağı yanılsaması olmadan ölmeye mahkum olan o çocuk yaşamayı sürdürdü. Veronika yetişkin olarak bu yanılsamayı bırakabildi çünkü o çocuk artık kaderiyle baş başa değildi. Bundan böyle içinde onu koruyabilecek, babasının asla üstlenmediği rolü üstlenecek, çocuğun acısını anlayabilecek ve onu suistimalden koruyabilecek bir yetişkin vardı. Bedeninin ihtiyaçlarını yok saymayı bırakıp onları ciddiye alana kadar bunu günlük hayatında sürekli tecrübe etmişti. Sonra bedeni bu ihtiyaçların işaretini hafif bir kaşınma ile vermeye başlamış, içindeki çocuğun desteğe ihtiyacı olduğu konusunda onu uyarmıştı. Veronika'nın sorumluluk gerektiren bir işi olmasına rağmen, aslında umurunda olmayan insanlara karşı bağlılık hissetmeye ve sonunda tamamıyla onlara bağımlı olmaya meyilliydi. Babasının davranışını olduğu gibi görür görmez, bu durum son buldu. Terapiden sonra bu açıdan tamamıyla bir değişiklik oldu. Bedeninde ona yardım etmek için ne yapması gerektiğini tam olarak bilen bir arkadaş bulmuştu. Kanımca psikoterapinin amacı tam da bu olmalıdır. Terapi başarılı olacaksa, bize çok erken yaşta işlenen Dördüncü Emir'deki ahlak türünün yerinden edilmesi gerekir. Pek çok terapide zehirli pedagoji ahlakı, ya en başından beri hüküm sürer ya da olaylar geliştikçe baş gösterir çünkü terapist bu kısıtlamalardan sıyrılamamıştır. Danışanın yaralarını ve maruz kaldığı zulmü nihayet fark etmesi için samimi bir destek sağlandığı vakalarda bile, bir süre sonra terapistin anne ve babadan en azından birinin iyi bir tarafı olduğunu ve çocuğa yetişkinin şimdi minnettar olması gereken pek çok şey kazandırdığını ima ettiği olur. Böylesi bir ifade, danışanın kafasını tamamıyla karıştırmak için yeterlidir zira anne ve babasının iyi taraflarını görmek zaten onu bu rahatsızlığa, Kertész'in romanında çok etkileyici biçimde betimlediği algıların ve duyguların bastırılmasına yöneltmişti.

Laura, bana en azından sürecin başında arkasına saklandığı maskeyi ilk kez çıkarmasını sağlayan biri ile psikoterapi sürecine başladığını yazmıştı; katılığının suni olduğunu anlayabilmiş ve kendi duygularına giden yolu bulmasını ve çocukkenki kapalılık ve hassasiyet özlemini hatırlamasını sağlayan kişiye güvenebilmişti. Veronika gibi Laura da annesinin soğukluğuna karşı babasının onu korumasından medet ummuştu. Laura'nın babası Veronika'nınkinden çok daha fazla ilgi göstermişti. Babası kimi zaman onunla oynamıştı, böylece Laura'nın iyi bir ilişki kuracaklarına dair umutları sürdürmüştü. Ancak babası Laura'ya annesinin gaddarca fiziksel cezalar verdiğini bilmesine rağmen, yine onu annesine bırakmış, Laura'yı korumak için hiçbir şey yapmamış ve sonunda çocuk için hiçbir sorumluluk üstlenmeden onu tamamıyla terk etmişti. En kötüsü de, bir çocuğun, onu hak etmediği şekilde sevmesine yol açmıştı. Genç kadın, çeşitli terapistlerin yardımıyla anlamını keşfetmeye çalıştığı bir rahim tümörü yüzünden ciddi bir hastalığa yakalanana kadar bu sevgiyle yaşamıştı. Bu terapistlerin sonuncusu, çok ümit verici bir izlenim yaratmıştı. Bu yardımla Laura, kendi içinde kurduğu savunma duvarını yıkmayı başardı. Ancak Laura babasının cinsel açıdan onu istismar ettiğine dair şüphelerini ifade etmeye başlayınca, terapist bu kez bir duvar oluşturmaya başladı. Aniden çocuğun ödipal arzularından söz etmeye başladı ve babasının yaptığı gibi, onu bir karmaşanın içine attı. Laura, terapistin onu kendi zaafı –belki de kendi içinde uzlaşamadığı ve bastırdığı anılar- yüzünden feda ettiğini düşündü. Ancak ne hissettiğini ona söylemeye cesaret edemedi.

Laura çok iyi bir eğitim aldığı için terapistin savunmasının arkasında yatanı görebileceğini düşündü. Ancak babasıyla olan ilişkisi halen çözülmediği için, aynı örüntüyü terapistiyle tekrar etti. Şüphelerini onunla paylaşamadı, babasının ve terapistinin onun için yaptıklarına minnettar kaldı, itaatkar olmayı sürdürdü ve her iki durumda da çocuksu bağlılığını koparamadı. Böylece daha sonra denediği primal terapiye rağmen belirtiler devam etti. Ahlak, günün sonunda galip çıktı çünkü pek çok psikoterapi vakasında olduğu gibi, hem kişisel tarihini hem de yaşadıklarından kaynaklanan acılarını kurban etti. Sonra grup terapisinde Laura duyduğu minnetin temelsiz olduğunu anlayabildi. Çocukluğunda babasının onu nasıl yenik düşürdüğünü fark etti, o yenilginin bütün sonuçlarını kabul etti ve kendi hayatını yaşamanın sorumluluğunu üstlenmesi gerektiğini anladı.

Ondan sonra yeni, yaratıcı bir hayat yaşayabildi, çünkü nihayet kendi gerçeğini kabul etti. Babasının, istemediği için ona asla yardım etmeyen zayıf insanın teki olduğunu fark etmesine izin verdiği sürece korkacağı hiçbir şey olmadığını artık biliyordu. Babası, kendi acılarını hissetmekten kaçınabilsin diye onları dışavurup rahatlayabilmesi için Laura'ya ihtiyaç duyuyordu. Laura'nın bedeni bu yeni farkındalık ile huzur bulmuştu. Doktorların gecikmeden ameliyat edilmesi gerektiğinde ısrarcı olduğu tümör, çok hızlı bir şekilde yok oldu.

Laura'ya daha önceki terapilerinden birinde görselleştirme yöntemi teklif edilmişti ve o da bütün umutlarını ona bağlamıştı. On yedi yaşında gerçekleşen bir olayı hatırlayabildi, idealize ettiği babası onu kıskançlık krizine sokmuştu. Terapisti, babasını gözünde iyi ve sevecen şekilde canlandırması ve olumsuz imgenin yerine olumlu imgeyi koyması gerektiğini söylemişti. Bu da aslında Laura'nın babasını birkaç yıl daha idealize etmesini sağlamıştı. O arada rahmindeki tümör büyümeye devam etti, ta ki nihayet asıl belleğindeki gerçekle yüzleşebilene kadar.

Böylesi teknikler, terapide olumsuz duygular ile olumlu duyguların yerini değiştirme amacıyla kullanılır. Ne var ki, genellikle böylesi bir manipülasyon, yalnızca danışanların gerçek duygularını ortaya koyduğu, kendi gerçeklerinin acısıyla yüzleşmekten kaçınmalarını sağlayan bir inkar duygusunu pekiştirmeye yarar. Bu yöntemlerle edinilen başarı, yalnızca kısa süreli olur ve yaklaşım bütünüyle sorunludur. Özgün olan olumsuz duygu, bedenin yaydığı önemli bir sinyaldir. Bu mesaj yok sayılırsa, beden kendisini duyurmak için yeni sinyaller yaymak zorunda kalır.

Suni olarak üretilen olumlu duygular, yalnızca kısa süreli olmakla kalmaz, ayrıca anne ve babamızın bir gün iyi yanını göstereceği umudunu yaratarak bizi o umut besleyen çocuk durumunda bırakır. Böylece bununla bağlantılı öfkeyi ya da korkuyu hissetme gereğini ortadan kaldırır. Ancak gerçek yetişkinliğe erişmek ve mevcut gerçekliğimizde yaşamak istiyorsak, bu yanılsamalı beklentilerden kendimizi kurtarmalıyız (ve kurtarabiliriz de). Bunu yapabilmek için, sözde olumsuz duygularımızı –çabucak ve en etkili biçimde bastırmaya çalışmak yerine- kabul etmemiz ve onları anlamlı duygulara dönüştürmemiz gerekir. (Bu duyguların farkında olur olmaz, nispeten kısa bir süre içinde bastırılmış enerjileri açığa çıkarabilse de, artık bu duygular sonsuza kadar yaşamayacaktır.) Yalnızca bütün bu duyguları yok saymaya ya da bastırmaya çalıştığımız zaman, bedenin içine yerleşeceklerdir.

Rahatlama, masaj ve çeşitli beden terapileri, kasları ve bağ dokuları bastırılan duyguların baskısından kurtarıp rahatlatarak, gerginliği azaltıp ağrıları geçirerek büyük bir geçici rahatlama sağlayabilir. Ancak bu duyguların sebeplerini saptamayı reddedersek, içimizdeki çocuk halen güçlü bir cezalandırılma beklentisi içinde olursa ve bu sebeple anne ve babamızı ya da onların yerine geçen insanları kızdırmaktan korkarsak, bu baskı kendisini tekrar hissettirecektir.

Uzun vadede aynı derecede etkisiz olan ve sürekli tavsiye edilen bir başka şey de, bizi kızdıran insanlara karşı hoşgörülü bir tavır takınma koşuluyla -yastık kavgaları ya da boks gibi kabul edilebilir yollarla- öfkemizi "bırakma" ya da öfkemizden kurtulma alıştırmalarıdır. Laura böylesi alıştırmaların çoğunu denemişti, hepsi kısa süreli başarılar sağlamıştı. Ancak babasına karşı duyduğu hayal kırıklığının ölçüsü kavramaya ve yalnızca bunun yarattığı öfkeyi değil de, acıyı ve korkuyu da hissetmeye hazır olduğu zaman, rahminin içindeki tümörden kendiliğinden kurtulabilmişti.

3. Anoreksiya: Samimi İletişim İçin Duyulan Özlem

"...tadı hoşuma giden yiyeceği
bulamadığım için. Bulsaydım, inanın,
yaygara koparmaz, tıka basa yerdim
senin gibi, herkes gibi."

Franz Kafka, Açlık Cambazı

Üçüncü Bölüme Giriş

Ahlakın en büyük zaferlerinden birini kazandığı alan anoreksiya olarak adlandırılan bilinçli olarak aç kalmanın tedavisidir. Genç anoreksiklerin suçluluk duygularının açık açık söylenen, "Bak, anne ve babanı ne kadar üzüyorsun, senin yüzünden ne kadar çektiler!" gibi sözlerle daha da depreştirilmesi neredeyse bir kural haline gelmiştir. Yemek yemeyi reddetmenin anlamı, karşı tarafa söylemek istedikleri şey, böylesi vaazlarda tamamıyla görmezden gelinir. Ne var ki, anoreksiya bize bedenin sahibinin kişisel gerçeğini ortaya koymada ne kadar kararlı olabildiğini açıkça gösterir.

Pek çok anoreksik şöyle düşünür: "Anne ve babamı sevmem ve onlara hürmet etmem, yaptıkları her şeyi affetmem, onları anlamam, olumlu düşünmem ve unutmayı öğrenmem gerek. Onu da yapmalıyım, bunu da yapmalıyım. Izdırabımı göstermemeliyim."

Ancak aslında hissetmediğim duyguları hissetmeye zorlarsam kendimi, gerçekten ne hissettiğimi, neye ihtiyaç duyduğumu ve insanların bana söylediklerini neden yapmam gerektiğini artık bilmiyorsam -gerçek benden- geriye ne kalır ki? İşte, sporda, günlük hayatta başarılı olmak için kendimi zorlayamam ki... Ancak yabancı duyguları (alkol, uyuşturucu ve ilaç gibi maddelerin yardımıyla olsun ya da olmasın) hissetmeye zorlarsam kendimi, er ya da geç kendini kandırmanın sonuçlarıyla karşı karşıya kalırım. Kendimi bir maskeye dönüştürür ve gerçekte kim olduğumu bilmem. Bu bilginin kaynağı benim samimi duygularımdadır, bu duygular benim yaşadıklarımla örtüşür. Bu yaşantıları bedenim içinde saklar. Hafızasında tutar.

Öfke duygularında ifade edildiği gibi, bedenimizin söylediklerini duymazdan gelirsek, kendimizi sevemeyiz, sayamayız, anlayamayız. Duyguların manipülasyonu için çeşitli "terapötik" kurallar ve teknikler vardır. Bütün ciddiyetleriyle bize acı çekmeyi nasıl bırakıp hayattan zevk alabileceğimizi söylerler. En ağır fiziksel belirtileri gösteren insanlar, böylesi nasihatler için hastanelere giderler, anne ve babalarına karşı hissettikleri dargınlığın sıkıntısından kendilerini kurtarmak için onlara yardım edeceklerini umut ederler.

Bir süre bu yöntem başarılı olabilir ve bir rahatlama getirebilir, ancak sonra terapistleri onlardan "memnun" olurlar. Annelerinin çocuk büyütme yöntemlerine boyun eğen iyi çocuklar gibi, kendilerini kabul görmüş ve sevilmiş hissederler. Ancak bir süre sonra beden, nüks yoluyla kendini tekrar ortaya koyar, sözü dinlenmediği için öcünü alır.

Hiperaktif çocukların gösterdiği belirtilerle uğraşırken de benzer bir zorluk yaşarım. Bu çocuklar, durumları genetik bir tuhaflık ya da düzeltici önlemlerle vazgeçirilecekleri inatçı bir yaramazlık olarak görüldüğü takdirde, ailelerine nasıl entegre edilebilecekler? Durumlarının gerçek sebepleri anlaşılmadan öyle kalacak mı? Ancak bu duyguların gerçekte bir temeli olduğunu; ihmale, suistimale ya da besleyici bir iletişimin eksikliğine bir tepki olduğunu görmek istersek, o zaman oturduğu yerde oturamayan çocuklar görmeyeceğiz, acı çeken ve neden acı çektiklerini anlamalarına izin verilmeyen çocuklar göreceğiz. Bu bilgiye sahip olmamıza izin verirsek, hem onlara hem kendimize yardım edebiliriz. Belki de biz (ve onlar) duygulardan, acıdan, korkudan ve öfkeden o kadar korkmuyoruz da anne ve babamızın bize ne yaptığını öğrenmekten, bilmekten korkuyoruz.

Çoğu terapistin desteklediği ne pahasına olursa olsun, anne ve babamızı suçlamaktan kaçınma yönündeki (ahlaki) zorunluluk, bir hastalığın sebeplerini, dolayısıyla o hastalığı tedavi etme olanaklarını kasti olarak öğrenmememize yol açar. İnsan beyni konusunda uzman olanlar, yıllardır hayatın ilk üç yılında anneye yönelik esnek bir bağlılığın olmamasının beyinde kalıcı hasarlar bıraktığını ve ağır bozukluklara yol açtığını biliyorlar. Bu bilginin terapist olmak için eğitim görenlere açıklanmasının zamanı geldi. Geleneksel yetiştirilişin zararlı etkilerini azaltmanın bir yolu bu olabilir. Zira genellikle yetiştirilişimiz ve zehirli pedagojinin mirasıdır bizi anne babalarımızın davranışlarını sorgulamaktan alıkoyan. Geleneksel ahlak, dini emirler ve bazı psikanalitik kuramlar, çocuk terapistlerinin bile ebeveynin sorumluluğunu saptamaktan ve adlandırmaktan çekinmelerine sebep olur. Anne babaların suçluluk duygusu hissetmelerine sebep olma korkusu, terapistler gerçeği söylerlerse, anne babaların çocuğa zarar verebileceği korkusu kılığına bürünür.

Tam tersinin doğru olduğuna eminim. Gerçeği ifade etmek, terapötik açıdan uyumlu bir ilişki kurulabildiği zaman, bir danışanın gözlerini açabilir. Elbette bir çocuk terapisti "örselenmiş" bir çocuğun anne ve babasını değiştiremez, ancak onlara gerekli bilgileri aktarabilirse, çocukla olan ilişkilerini iyileştirmek için çok şey yapabilir. Örneğin, terapist, samimi iletişimin *besleyici* niteliği hakkında onları bilgilendirirse ve bu bilgiden yararlanmalarını sağlarsa, yeni tecrübeler yaşamalarının yolunu açacaktır. Sıklıkla anne babalar, çocuktan böylesi bir iletişimi esirgerler; kötü niyetli oldukları için değildir bu, çocukluklarında böylesi bir sevgi, şefkat belirtisi görmedikleri, dolayısıyla böylesi bir şeyin var olduğunu bilmedikleri içindir. Çocuklarıyla anlamlı bir iletişim kurmayı öğrenebilirler, ancak bu çocuklar, zehirli pedagojinin etkisinden sıyrılabilmiş ve tamamıyla, herhangi bir çekincesi olmadan çocukların tarafında olan bir terapistin tam desteğini görebildikleri takdirde bu mümkün olur.

Böylesi bir terapistin temsil ettiği aydınlanmış şahidin desteğiyle, hiperaktif bir çocuk (ya da herhangi bir rahatsızlıktan muzdarip bir çocuk) sıkıntısını -başka yere yansıtmak yerine- *hissetmeye,* onlardan korkmak ve onlarla bağını koparmak yerine anne ve babasına duygularını ifade etmeye teşvik edilebilir. Böylece anne babalar *çocuktan,* kişinin feci sonuçlarından korkmasına gerek kalmadan duygularının olabileceğini ve duyguların ifade edilmesinin destek görmeye ve karşılıklı güvene yol açabileceğini öğrenebilirler.

Kendi çocuğunun sayesinde, anne ve babasına duyduğu yıkıcı bağlılıktan kaçabilmiş bir anne tanıyorum. Birkaç yıl süren terapiden sonra, halen çocukluğunda ağır bir biçimde kendisini istismar etmelerine rağmen, anne ve babasının iyi yönlerini görme konusunda kaygılıydı. Doğduğundan beri sürekli doktor kontrolünde olan küçük kızının hiperaktivitesinden ve saldırgan patlamalarından büyük ölçüde muzdaripti. Rutinleri yıllardır aynıydı. Çocuğunu doktora götürüyordu, yazdığı ilaçları veriyordu, terapistine gidiyordu ve kendi anne ve babasını haklı çıkarmak için sebepler arıyordu. Bilinçli olarak anne ve babasının muamelesinden asla şikayet etmemişti, yalnızca kızının durumundan şikayet ediyordu. Ne var ki, bir gün yeni bir terapistin yanında nihayet öfke patlaması yaşadı ve otuz yıldır içinde biriken anne ve babasına karşı duyduğu aşırı öfkeyi kabul edebildi. Sonra mucizevi bir şey oldu (ne var ki mucize de değildi), birkaç gün içinde kızı normal bir şekilde oynamaya başladı, bütün belirtileri kayboldu, sorular sordu ve dosdoğru yanıtlar aldı. Anne sanki yoğun bir sisten çıkmıştı ve ilk kez kızını olduğu gibi görüyordu. Bir yansıtma nesnesi olarak kullanılmayan çocuk, etrafta deliler gibi koşturmasına gerek kalmadan sessizce oynayabilir. Artık annesini kurtarmak için ya da en azından kendi "rahatsızlığı" aracılığıyla annesini gerçekle yüzleştirmek için ümitsiz bir çaba içinde değildir.

Samimi iletişim, doğrulara dayanır; insanlara kendi düşüncelerini ve duygularını anlatabilmeyi sağlar. Bunun aksine, kafa karıştırıcı iletişim, gerçeklerin çarpıtılmasına ve aslında kişinin kendi çocukluğundaki anne ve babasına yöneltilmiş istenmeyen duygular için başkalarını suçlamaya dayalıdır. Böylesi manipülatif bir iletişim, zehirli pedagojinin bildiği tek yöntemdir. Yakın zamana kadar her yerde görülüyordu, ancak şimdi aşağıdaki örnekte olduğu gibi istisnalar var.

Yedi yaşındaki Mary, öğretmeni ona vurduktan sonra okula gitmeyi reddetti. Annesi Flora çaresizdi, nihayetinde çocuğu okula gitmeye zorlayamazdı. Kendisi kızına hiç vurmamıştı. Öğretmenini ziyaret etti, durumla yüzleşti ve çocuktan özür dilemesini istedi. Öğretmen, müthiş öfkeli bir tepki gösterdi. Öğretmenler öğrencilerinden özür dilemeye başlasa, işler daha iyi giderdi! Öğretmeni, Mary'nin kendisini dinlemediğini ifade ederek şiddeti hak ettiği konusunda ısrar etti.. Flora sessiz ancak sert bir şekilde karşılık verdi: "Sizi dinlemeyen bir çocuk, sizin ses tonunuzdan ya da yüzünüzdeki ifadeden korkmuş olabilir. Vurmak o korkuyu daha da artıracaktır. Çözümü vurmakta bulmak yerine çocukla konuşmanız, güvenini kazanmanız ve böylece gerilimi ve korkuyu dağıtmanız daha iyi olur."

Öğretmenin gözleri hemen sulandı. Sandalyesine yığıldı ve fısıldayarak şöyle dedi: "Çocukken hep dayak yedim, benimle hiç konuşulmadı. Hâlâ annemin bana bağırdığını duyabiliyorum: Beni hiç dinlemiyorsun. Ben seninle ne yapacağım?"

Flora aniden duygulandı; öğretmene fiziksel uyarının okulda yasak olduğunu ve onu polise şikayet edeceğini söyleme niyetiyle gelmişti. Ancak şu an karşısında samimi bir şekilde konuşabileceği samimi bir insan oturuyordu. Sonunda iki kadın, küçük Mary'nin güvenini kazanmanın yollarını bulmaya çalıştılar. Öğretmen, özür dilemeyi teklif etti ve gerçekten de özür diledi. Mary'ye korkması için bir sebep olmadığını çünkü öğrencilere vurmanın yasak olduğunu ve öğretmen olarak hata yaptığını anlattı. Böylesi bir durumda Mary'nin şikayet etme hakkının olduğunu, öğretmenlerin de bazen hata yaptıklarını söyledi. Ondan sonra Mary okula gayet mutlu gitti ve hatasını kabul etme cesaretini gösteren bu kadını sevmeye bile başladı.

Bu tecrübeyle Mary gibi bir çocuk, pek çok kişi gibi, başkalarının duyguları için sorumluluk hissetmez, yalnızca kendi duygularının sorumluluğunu hisseder. Çocuk, yetişkinlerin duygularının kendi yaşam öykülerine bağlı olduğunu ve çocukların davranışlarına bağlı olmadığını hissedecektir. Davranışları ve çaresizlikleri, onlarla ilgilenen yetişkinlerde güçlü duyguları tetikliyorsa, bu yetişkinler ("Seni dövdüm *çünkü sen...* diyerek) onları suçlamaya kalkışsa bile, çocukların bu konuda kendilerini suçlu hissetmemeleri gerekir.

Anita Fink'in Hayali Günlüğü

Bana gönderilen mektuplarda ve günlüklerde çocuklukta yaşanan sayısız zulüm ve suistimal hikayeleri var. Yazarların travmatik çocukluklarının sonuçlarını çözmeyi sağlayan terapi öyküleri de vardır; ne var ki bunların sayısı daha azdır. Kimi zaman insanlar bu hayat öykülerini yayımlamamı isterler ancak çoğu durumda bunu yapmaktan kaçınırım çünkü söz konusu bireylerin, birkaç yıl sonra birinin kitabında kendilerini bulmalarının hoşlarına gidip gitmeyeceğini bilemem. Bu ışıkta kurgusal olsa da gerçeklere dayanan bir anlatı yazmaya karar verdim. Pek çok kişinin başarılı bir terapi tecrübesi yaşama şansına sahip olmadan, utanç ve ızdırap dolu benzer bir bavulla etrafta dolaştıklarına inanırım. Burada Anita Fink adını verdiğim genç bir kadın, terapisinin gelişiminin kendisini en gaddar bozukluklardan biri olan anoreksiyadan nasıl kurtulmasını sağladığını anlatıyor.

Hekimlerin en geleneksel zihniyetli olanlarının arasında dahi, anoreksiyanın psikosomatik bir rahatsızlık olduğu genel kabul görür. Kişi (genellikle daha gençtir) hayatını tehlikeye atacak kadar kilo verdiği zaman, zihninin "etkilendiğinden" emin olabiliriz. Ancak bu kişilerin ruhsal durumlarına net bir ışık tutulmaz. Kanımca bu inkarın sebebi yine Dördüncü Emir'e itaattır.

Havva'nın Uyanışı'nda (Evas Erwachen) anoreksiyanın tedavisi için uygulanan ve –bozukluğun sebeplerine ışık tutmak yerine- hastanın tekrar normal kilosuna dönmesini sağlamaya odaklanan geleneksel yöntemlere karşı gelmekten başka bir şey yapmasam da, bu soruna parmak basmıştım. Bu polemiğe geri dönmek yerine, anoreksiyaya götüren ruhsal sebepleri resmetmek ve bu durumu düzeltebilecek önlemleri ortaya koymak için bu anlatıdan yararlanmak istiyorum.

Kafka'nın "Açlık Sanatçı"sı hayatının sonunda yemek yemeyi reddetmesinin sebebinin asla ona cazip gelen bir yemek bulamaması olduğunu söylüyor. Bu Anita'nın da söylemiş olabileceği bir söz; ancak sağlığını geri kazandıktan sonra söyleyebilirdi, çünkü ancak o zaman hangi besine ihtiyaç duyduğunu, ne aradığını, çocukluğundan itibaren neyi kaçırdığını biliyordu: Yalansız, sahte "kaygıları", suçluluk duyguları, hayal kırıklıkları, tehditler, yansıtmalar olmayan, samimi duygusal iletişim. Bu iletişim, ideal durumda anne ve gerçekten istediği için doğurduğu çocuk arasında hayatın ilk yıllarında mevcut olan bir iletişim türüdür. Böylesi bir durum hiç gerçekleşmediyse, çocuk yalanlarla beslendiyse, sözcükler ve hareketler yalnızca çocuğun reddedilmesinin üstünü kapatmaya, nefreti, iğrenmeyi maskelemeye yaradıysa, o zaman çocuk bu "besini" almayı reddedecektir. Onu reddedecek ve sonra gerçekte ihtiyaç duyduğu besinin ne olduğunu bilmeden anoreksik olacaktır. Buna dair bir tecrübesi olmadığı için böylesi bir şeyin var olduğunu dahi bilmez.

Yetişkinler olarak bunun gibi bireyler, böylesi bir besinin var olduğuna dair belirsiz bir şüphe besleyebilir ve ihtiyaç duydukları ancak ne olduğunu bilmedikleri bir şeyi bulma peşinde herhangi bir ayrım gözetmeksizin her tür yemeği yiyip midelerini tıka basa doldurabilirler. Sonuç, obezite ve bulimiadır. Yemeksiz kalmak istemezler, herhangi bir sınır olmadan yemek ve tıkınmak isterler. Ancak anoreksikler gibi, neye ihtiyaç duyduklarını bilmezler, o yüzden asla doymazlar. Ne isterlerse onu yemek konusunda özgür olmak isterler, sınır tanımazlar. Ancak zorlantılı açgözlülüklerinin kurbanı olurlar. Bu zorlantıdan kendilerini kurtarabilmeleri için duygularını biriyle paylaşabilmeleri gerekir; birinin onları dinlemesi, anlaması, ciddiye alması ve artık saklanmak zorunda olduklarını hissetmemeleri gerekir. Ancak ondan sonra hayatları boyunca aradıkları besinin ne olduğunu bileceklerdir.

Kafka'nın *Açlık Sanatçısı* buna bir isim verememişti çünkü Kafka'nın kendisi buna bir isim verememişti. Çocukken samimi bir iletişimden yoksun kalmıştı. Bu yoksunluktan anlatamayacağı kadar çok çekmişti ve bütün yapıtları –ister *Dava,* ister *Dönüşüm,* ister *Şato* olsun- iletişim eksikliği dışında hiçbir şey anlatmaz. Bütün bu romanlarda ve öykülerde sorular hiç duyulmaz; tuhaf çarpıtmalarla, tahrifatlarla yanıtlanır ve merkezdeki figürler hep tamamıyla yalnız ve kimseye kendini dinletemediği kişilerdir.

Uzun bir süre Anita Fink de aynı sorunu yaşadı. Hastalığının asıl sebebi, doyurulmayan iletişim ihtiyacı, anne babası ve erkek arkadaşıyla kurduğu samimi temas eksikliğiydi. Yemek yemeyi reddetmesi bu yoksunluğun bir işaretiydi. Nihayetinde iyileşebildi, çünkü Anita onu anlayabilen ve anlayan insanlar olduğunu gördü. 1997 yılının Eylül ayında o sırada on altı yaşında olan ve hastaneye kaldırılan Anita bir günlük tutmaya başlıyor:

> Başardılar. Kilom olması gerekene yakın ve umut etmeye başladım. Peki ama neden "Başardılar" diyorum ki? Onlar başarmadı. Bu korkunç hastane en başından beri sinirime dokunuyor. Evde olmaktan daha kötüydü orada olmak: Bunu yap, şunu yap, onu yapamazsın, sen

kim olduğunu sanıyorsun, sana yardım etmeye çalışıyoruz ama senin de inanman ve söylediklerimize uyman gerekiyor, yoksa sana hiç kimse yardım edemez. Kahretsin, bu kibriniz nereden geliyor? Neden sizin aptal sisteminize uyduğum ve makinenizdeki bir parça gibi hareket ettiğim için daha iyi oluyormuşum ki? Bu benim ölümüm olurdu. Ben de ölmek istemiyorum! Sürekli ölmek istediğimi söylüyorsunuz, ancak bu doğru değil, tamamıyla saçma. Yaşamak istiyorum, başkalarının bana söylediği gibi değil, ölmeme engel olacaklarmış. Ben olduğum gibi yaşamak istiyorum. Ancak izin vermiyorlar. Kimse bana izin vermiyor. Hepsinin benim için planları var. Ama gerçekte yaptıkları şey, bu planlarla benim hayatımı söndürmek. Size bunu söylemek istedim, ancak nasıl söyleyebilirdim? Yalnızca işleri bu olduğu için hastaneye gelen ve ("Anita, bugün yemeğini yedin mi?" diye sorup) rapor etmek için başarı isteyen, akşam buradan çıktıkları için sevinen ve benim gibi hayaletleri geride bırakıp evlerine gidip müzik dinleyen insanlara bunu nasıl söyleyebilirsiniz?

Hiç kimse beni dinlemek istemiyor. O tatlı doktor, ziyaretinin sebebi dinlemekmiş gibi yapıyor. Ancak gerçek amacı tamamıyla farklı; beni teşvik etme, bana yaşama cesareti vermeye (böyle bir şeyi nasıl "verebilirsiniz" ki?) çalışma, herkesin bana yardım etmeye çalıştığını, onlara güvenmeye başlarsam hastalığımın geçeceğini, aslında hastalığımın sebebinin kimseye güvenmemem olduğunu anlatma biçiminden bunu anlıyorum. Ancak bunu burada zamanla öğreneceğim. Sonra saatine bakıyor ve bu vakayla ilgili raporunun bu akşamki seminerde nasıl bir etki bırakacağını düşünüyor. Anoreksiyanın anahtarını bulmuştu: Güven. Seni budala, bana güven vaazı vermeye başladığında ne düşünüyordun? Hepsi güven hakkında vaaz veriyor ancak hiçbiri bunu hak etmiyor. Beni dinlemek istediğini söylüyorsun, ancak yaptığın tek şey beni etkilemeye çalışmak; beni kandırmak, seni sevmemi, sana hayran olmamı istiyorsun ve bu işten bir şey çıkarmak istiyorsun: Zeki bir kadının sana güvenmesini sağlayarak ne kadar akıllı olduğunu meslektaşlarına anlatabilmek istiyorsun.

Seni kibirli keçi, sonunda yaptığın oyunu gördüm. Beni daha fazla kandırmana izin vermeyeceğim, şimdi biraz daha iyiysem, bunu sana borçlu değilim, akşamları bazen burada biraz kalıp beni gerçekten dinleyen, ben daha cesaret edemeden ailem hakkında beni yüreklendiren ve her şeyden önce öfkelenmemi mümkün kılan Portekizli temizlikçi kadına borçluyum. Ona güvendikten sonra, ne olup bittiğini anlamaya, herhangi bir ilişki kurmadan içinde büyüdüğüm soğuk ve yalnız ortamı hissetmeye başlayan Nina sayesinde oldu bu. Güvenim nereden kaynaklanacaktı ki? Nina ile konuşmak iştahımı açtı, yemek yemeye başladım ve hayatın bana bir şey sunabileceğini anladım. Samimi iletişim; hayatım boyunca özlemini duyduğum bir şeydi bu. Gıda dedikleri şeyi almak için zorluyorlardı beni ama onu istemiyordum, çünkü gıda falan değildi, yalnızca annemin soğukluğu, aptallığı ve korkusuydu. Anoreksiyam bu sahte, zehirli besinden kaçıştı. Hayatımı kurtardı, sıcak, anlayışlı iletişim ve alışveriş arzumu korudu. Bir tek Nina yok. Biliyorum, aradığım şeyin var olduğunu biliyorum artık, ama şimdiye kadar bunu bilmeme izin verilmemişti.

Nina ile karşılaşmadan önce sizin, ailemin ve okuldakilerin dışında başka insanlar olduğunu bilmiyordum. Herkes çok normaldi, çok erişilmezdi. Hiç kimse beni anlamıyordu. Ben "gülünçtüm." Nina için gülünç değildim. Burada Almanya'da bir temizlikçiydi, Portekiz'de ise bir öğrenciydi. Ancak okumaya devam edecek parası yoktu, çünkü liseden mezun olduktan hemen sonra babası ölmüştü, gidip çalışması gerekiyordu. Beni anladı. Üniversiteye gittiği için değil, mesele bu değildi. Çocukken bir kuzeni vardı, onu anlattı bana, kuzeni onu dinlemişti ve ciddiye almıştı. Şimdi aynısını benim için yapabiliyordu, herhangi bir çaba göstermeden, sorun olmadan. O Portekiz'de, ben de Almanya'da büyüdüğümüz halde onun için yabancı değilim. Tuhaf değil mi? Burada kendi ülkemde bir yabancı gibi hissediyorum kendimi, hatta bazen cüzzamlı gibi, sırf sizin olmamı istediğiniz gibi olmak istemediğim için.

Anoreksiyam bunun bir işaretiydi. Bana bak, nasıl göründüğüme bak. Tiksindirici mi görünüyorum? Çok daha iyi, böylece benimle ilgili bir şeyin yanlış gittiğini ya da seninle ilgili bir sorun olduğunu fark etmek zorunda kalacaksın. Gözlerini kaçırıyorsun, deli olduğumu düşünüyorsun. Tamam, acı veriyor bu. Ama yine de sizden biri olmaktan daha iyidir. Ben deliysem senden kaçtığımdandır; uyum sağlamayı reddettiğimden, kendime ihanet etmek istemediğimdendir. Kim olduğumu, niçin doğduğumu, neden şimdi ve burada Almanya'da doğduğumu, neden beni hiç anlamayan anne ve babamın çocuğu olarak doğduğumu bilmek istiyorum. Neden yaşıyorum? Ne işim var burada?

Nina ile sohbetlerimizden beri bütün bu soruları anoreksiyamın arkasında gizlemek zorunda olmadığım için mutluyum. Sorularımın yanıtlarını bulmanın ve kendi içimde huzurlu yaşamanın bir yolunu bulmak istiyorum.

3 Kasım 1997

Beni hastaneden taburcu ettiler çünkü asgari kiloya ulaştım. Görünüşe göre bu yeterliydi. Nina ve benim dışımda hiç kimse bunun neden olduğunu bilmiyordu. Bu insanlar hazırladıkları yeme düzeninin işe yaradığına, beni sözde iyileştirdiğine inanıyorlar. Bırak öyle inansınlar ve mutlu olsunlar. Hastaneden çıktığıma seviniyorum. Ama şimdi ne yapacağım? Yaşayacak bir yer bulmam gerekiyor, kesinlikle evde kalmayacağım. Annem her zamanki gibi endişeli. Bütün varlığını benim için endişelenmeye harcıyor, ancak onun endişesi sinirlerimi tepeme çıkarıyor. Korkuyorum, böyle devam ederse yine yemek yemeyi bırakacağım, çünkü benimle konuşma biçimi iştahımı kesiyor. Korktuğunu hissediyorum, ona yardım etmek istiyorum, yine kilo vermeye başlayacağımdan korkmaması için yemek yemek istiyorum. Ancak böyle daha fazla devam edemeyeceğim. Annem kilo vereceğimden korkmasın diye yemek yemek istemiyorum. Yemekten zevk aldığım için yemek yemek istiyorum. Bana davranış biçimi bütün zevkimi öldürüyor. Aynı sistematik biçimde mahvettiği başka şeyler daha var. Cindy ile görüşeceğim zaman, onun keşlerle takıldığını ve onlardan etkilendiğini söylüyor. Klaus'a telefon ettiğim zaman, tek düşündüğü şeyin kızlar olduğunu ve ondan şüphelendiğini söylüyor. Isabelle Teyze ile konuştuğum zaman, onunla daha iyi anlaştığım için kendi kız kardeşini kıskandığını görebiliyorum. Annem delirmesin, iyi olsun diye geriye benden hiçbir şey kalmasa dahi, hayatımı düzenlemek, değiştirmek zorunda olduğumu hissediyorum. Bu da anoreksiyanın ruhsal açıdan olanı değil de ne? Annen sakin olsun ya da korkmasın diye geriye senden hiçbir şey kalmayana kadar ruhsal olarak cılızlaşacaksın, öyle mi?

20 Ocak 1998

Şimdi kendime bir oda tuttum. Anne ve babamın bunu yapmama izin vermesine şaşırdım. Biraz direndiler, ancak Isabelle Teyzem bana yardım etti ve sonunda istediğim oldu. Önce annemin sürekli beni kontrol etmediği bir yerde huzur içinde olmaktan çok mutlu oldum. Günümü nasıl istersem öyle ayarlayabiliyordum. Gerçekten mutluydum. Ama uzun sürmedi. Birden kendimi o kadar yalnız hissettim ki dayanamadım. Ev sahibi hanımın kayıtsızlığı, annemin sürekli müdahale etmesinden daha kötü geldi. Özgürlük istiyordum, şimdi özgürdüm ama bu da beni korkutuyordu. Bayan Kart adlı ev sahibimin yemek yedim mi yemedim mi, ne yedim, ne zaman yemek yedim, umurunda değildi. Umurunda olmamasına dayanamıyordum. Kendimi eleştirmeye başladım: "Sen ne istiyorsun?" diye sordum. Sen ne istediğini bilmiyorsun ki... İnsanlar yemek yemenle ilgilendiği zaman sinirleniyorsun. İlgilenmedikleri zaman ona da bir şey buluyorsun. Sen kendin ne istediğini bilmediğin için arasını bulman zor.

Kendi kendime böyle yarım saat konuştuktan sonra, aniden anne ve babamın sesini duydum. Haklılar mıydı, gerçekten ne istediğimi bilmiyor muydum? Bu boş odada hiç kimse gerçekten söylemek istediklerimi söylememi engelleyemez. Beni durduracak kimse yok, kimse kafamı karıştırmıyor, kimse beni eleştirmiyor. O yüzden gerçekten ne hissettiğimi ve neye ihtiyaç duyduğumu bulmaya karar verdim. Ancak en başta söyleyecek bir söz bulamadım. Boğazım düğümlendi, gözlerimden yaşlar süzüldü ve tek yapabildiğim ağlamaktı. Bir süre ağladıktan sonra, yanıt kendiliğinden geldi: Sizden bütün istediğim beni dinlemeniz, ciddiye almanız, bana ne yapacağımı söylemeyi, beni eleştirmeyi, reddetmeyi bırakmanız. Sizin yanınızda Nina'nın yanında olduğum gibi özgür hissetmek istiyorum. O bana asla ne istediğimi bilmediğimi söylemedi. O benim yanımdayken ne istediğimi biliyordum. Ne yapacağımı söyleme şekliniz beni korkutuyor, aklımı durduruyor. Sonra ne söyleyeceğimi bilemiyorum, benden memnun olun, beni sevin diye nasıl olmam gerektiğini bilmiyorum. Ancak bilseydim de bu gördüğüm şey sevgi mi olurdu?

14 Şubat 1998

Televizyonda, çocukları olimpiyatlarda şampiyon olduğu ya da altın madalya kazandığı zaman sevinçten zıplayan anne ve babaları gördüğüm zaman içim titriyor ve kendime son yirmi yıldır kimi sevdiklerini soruyorum. Bu anı yaşamak için antrenman yapıp çabalayan genç, anne ve babasının onunla gurur duyduklarını görmek için mi yapmıştı bunu? Onu sevdiklerini hissediyor mu acaba? Onu gerçekten sevselerdi, bu çılgın ihtirasları olur muydu? Annesinin ve babasının onu sevdiğinden emin olsaydı, altın madalya kazanmayı gerekli görür müydü? Gerçekte kimi seviyorlar? Altın madalya kazananı mı yoksa belki sevgi eksikliğinden muzdarip olan kendi çocuklarını mı? Ekranda böyle bir şampiyon görmüştüm. Kazandığını duyduğu an, sarsılarak gözyaşlarına boğulmuştu. Bunlar mutluluk gözyaşları değildi, belki de o farkında olmasa da onu sarsan acısı hissedilebiliyordu.

5 Mart 1998

Olmamı istediğiniz gibi olmak istemiyorum. Olmak istediğim gibi olmak için de cesaretim yok, çünkü hâlâ sizin yanınızda hissettiğim yalnızlığın ve beni reddedişinizin acısını çekiyorum. Peki sizi mutlu etmeye çalıştığım için yalnız değil miyim? Bunu yaparak kendime ihanet ediyorum. Annem iki hafta önce hastalandığı ve benim yardımıma ihtiyaç duyduğu zaman, neredeyse eve dönmek için bir bahanem olmasına sevinmiştim. Ancak çok geçmeden benim için endişelenişine tahammül edemedim. Elimde değil, hep bir şekilde bunun samimiyetsiz olduğunu hissediyorum. Benim için endişelendiğini söylüyor, böylece kendisini benim için vazgeçilmez kılıyor. Bir tür baştan çıkarma gibi bu, beni sevdiğine inandırmaya çalışıyor sanki. Gerçekten beni sevseydi, bu sevgiyi hissetmez miydim? Manyak değilim, biri beni sevdiği zaman, içimden geçeni söylememe izin verdiği ve söyleyeceklerimle ilgilendiği zaman bunu hissedebilirim. Ama annem söz konusu olduğu zaman, bütün hissettiğim ona bakmamı ve onu sevmemi istediği. Aynı zamanda bunun tam tersinin doğru olduğuna inanmamı istiyor. Buna şantaj derler! Belki de çocukken bunu hissetmiştim, ancak söyleyememiştim, nasıl söyleyeceğimi bilememiştim. Bunu şimdi anlıyorum.

Öte yandan onun için üzülüyorum, çünkü bunun benim kadar farkında olmasa ve bunu gösterme konusunda benden daha kötü olsa da onun insani ilişkilere olan açlığını hissediyorum. Sanki bir yere tıkılıp kalmış gibi; öylesine tıkılıp kalmış, kendisini o kadar çaresiz hissediyor ki gücünü göstermeye, özellikle de gücünü benim üstümde göstermeye devam etmesi gerekiyor.

Burada hâlâ onu anlamaya çalışıyorum. Bundan sonunda kurtulabilecek miyim? Ne zaman annemin psikoloğu olmayı bırakacağım? Ona bakmaya gidiyorum, onu anlamaya çalışıyorum, ona yardım etmeye çalışıyorum. Bunların hepsi boşuna. O yardım görmek istemiyor, hiç yumuşamayacak, tek ihtiyacı olan şey güç. Bu oyuna kendimi daha fazla kaptırmayacağım. Umarım başarabilirim.

Babamın durumu ise farklı. O yokluğu ile hüküm sürüyor, her şeyden kaçınıyor, herhangi bir yüzleşmeyi imkansız kılıyor. Küçükken ve benim bedenimle oynadığı zaman asla bir şey söylemedi, o zaman bile söylemedi. Annem ise farklı. O hep oradaydı, ister bağırıp çağırarak ya da eleştirerek olsun, ister muhtaçlığını ve hayal kırıklığını göstererek, şikayet ederek olsun, oradaydı. Asla onun varlığından uzak duramıyorum ama varlığı besleyici değil, ihtiyaç duymuyorum ona. Beni mahvediyor. Babamın yokluğu da benim için en az o kadar yıkıcı, çünkü çocukken çaresizce o besine ihtiyacım vardı. Annem babam bana bunu vermeyi reddediyorsa, kimden alabilirim ki? Feci şekilde ihtiyaç duyduğum besin, samimi bir ilişkinin sağladığı besindi, ancak ne annem ne babam bunu biliyordu ve kendileri de çocukken istismara uğradıkları için benimle samimi bir bağ kurmaktan korkuyorlardı. Şimdi yine aynı noktadayım: Bu kez babamı anlamaya çalışıyorum. On altı yıl boyunca bunu yaptım ve artık bu alışkanlıktan kurtulmak istiyorum. Babam ne kadar yalnız olursa olsun, beni de o yalnızlığın içinde büyümem için bıraktı. Ne zaman bana ihtiyaç duysa, o zaman tuttu beni. Ama ben ne zaman ona ihtiyaç duysam, o hiç orada olmadı. Sonrasında da hep benden uzak durdu. İşte bu gerçeklere tutunacağım. Gerçeklerden artık kaçmayacağım.

9 Nisan 1998

Yine çok kilo kaybettim ve hastanedeki psikiyatr bana bir terapistin adresini verdi. Adı Susan. Şimdiye kadar iki kez konuştum onunla ve her şey iyi gitti. Psikiyatrdan daha farklı biri. Beni anladığını düşünüyorum ve bu işleri daha da kolaylaştırıyor. Beni hiçbir şeye ikna etmeye çalışmıyor; dinliyor, konuşuyor, düşündüklerini söylüyor, bana kendi düşüncelerimi ifade etme ve duygularıma güvenme cesareti veriyor. Ona Nina'yı anlattım ve çok ağladım. Hâlâ canım bir şey yemek istemiyor ama şimdi bunun sebebini daha iyi ve daha derinden anlayabiliyorum. On altı yıl boyunca beni yanlış şeyle beslediler ve artık yetti. Ya kendim doğru şeyle besleneceğim ve Susan'ın yardımıyla bunu yapma cesaretini bulacağım ya da açlık grevimi sürdüreceğim. Bu bir açlık grevi mi? Bunu öyle göremiyorum. Canım yemek istemiyor, iştahım yok. Artık yemek yemek istemiyorum. Yalanları sevmiyorum, kandırmaları sevmiyorum, kaçmayı sevmiyorum. Annemle ve babamla konuşabilmeyi, onlara kendimi anlatmayı, onlar küçükken ne yaşamışlar, bugün dünyayı nasıl görüyorlar onu dinlemeyi isterdim. Asla bunlar hakkında konuşmadılar. Hep bana terbiyeli olmayı öğretmeye çalıştılar ve kişisel olan her şeyden kaçındılar. Ama artık burama kadar geldi. Peki neden başka bir yere gidemiyorum? Neden hep eve dönüyorum ve bana karşı davranışlarından acı çekiyorum? Onlar için üzüldüğümden mi? O da var, ancak bana vermelerini istediğim şeyi asla veremeyeceklerini bilmeme rağmen, hâlâ onlara ihtiyaç duyduğumu, onları özlediğimi kabul etmeliyim. Zihnim bunu biliyor, ancak içimdeki çocuk bunu anlayamıyor, anlayamaz. Anlamak istemiyor. Tek istediği sevilmek ve en başından beri neden hiç sevilmediğini anlayamıyor. Bunu bir gün kabul edebilecek miyim acaba?

Susan bunu kabul etmeyi öğrenebileceğimi düşünüyor. Neyse ki o kendi duygularımı yanlış yorumladığımı söylemiyor. Algılarımı ciddiye almaya ve onlara inanmaya teşvik ediyor beni. Bu harika bir şey, şimdiye kadar böylesi bir şey hiç yaşamamıştım. Klaus ile bile yaşamamıştım. Klaus'a bir şey söylediğim zaman, genellikle şöyle der: "Sen öyle sanıyorsun." Sanki ne hissettiğimi daha iyi biliyormuş gibi. Ancak çok önemli olduğunu sanan zavallı Klaus, anne ve babasının ona söylediklerini tekrar ediyor yalnızca: "Duyguların seni kandırıyor, biz daha iyi biliyoruz" vs. Annesiyle babası belki alışkanlıktan öyle konuşuyorlar çünkü insanlar öyle derler. Aslında onlar benimkilerden çok farklılar. Onlar Klaus'u daha çok dinliyorlar, Klaus'un söyledikleriyle daha çok ilgileniyorlar, özellikle de annesi öyle. Klaus'a sorular soruyor ve onu gerçekten anlamak istediğini hissediyorsunuz. Benim annem de bana öyle sorular sorsa mutlu olurdum. Ama Klaus'un hoşuna gitmiyor bu. Klaus, sürekli birinin ona yardım etmeye çalışmasındansa, rahat bırakılmayı ve işleri kendi başına halletmeyi istiyor. Elbette haklı, ancak Klaus'un bu tutumu aramıza mesafe koyuyor. Ona yaklaşmama izin vermiyor. Susan bu konu hakkında ne düşünüyor acaba?

11 Temmuz 1998

Susan var diye ne kadar mutluyum. Beni dinlediği ve söylemek istediklerimi söylemem için cesaretlendirdiği için değil, ne olursa olsun arkamda olduğunu bildiğim ve beni sevmesi için değişmem gerekmediği için. Beni olduğum gibi seviyor. Bu olağanüstü bir şey, anlaşılmak için bir çaba göstermem gerekmiyor. Beni anlıyor. Anlaşılmak harika bir duygu. Beni anlayabilen insanlar bulmak için bütün dünyayı dolaşmam ve hep hayal kırıklığına uğramam gerekmiyor. Bunu yapabilen birini buldum ve o insanın sayesinde –örneğin Klaus konusunda- şimdiye kadar kendimi nasıl kandırdığımı görebiliyorum. Dün gece sinemaya gittik ve sonrasında film hakkında onunla konuşmaya çalıştım. Film hakkında söylenenler iyi olmasına rağmen, neden hayal kırıklığına uğradığımı ona anlattım. Yalnızca şöyle dedi: "Senin standartların fazla yüksek." Söylediğim şeyle gerçekten ilgilenmek yerine hep böyle yargılarda bulunduğunu fark ettim. Bunun normal olduğunu düşünmüştüm, çünkü evde hep böyle oluyordu, o yüzden alışmıştım. Ama dün fark ettim. Kendi kendime şöyle düşündüm: "Susan asla böylesi bir tepki göstermezdi, o her zaman söylediğime karşılık veriyor, anlamadıysa da açıklamamı istiyor." Aniden şunu fark ettim ki Klaus ile bir yıldır arkadaştım, ancak beni dinlemediği, tıpkı babam gibi benden kaçtığı ve benim de bunun normal olduğunu düşündüğüm gerçeğinin farkına varmaya asla cesaret edememiştim. Bu değişecek miydi? Neden değişmeliydi? Klaus kaçıyorsa, bunun kendinden kaynaklanan sebepleri vardır ve bunun için benim yapabileceğim bir şey yok. Neyse ki benden kaçılmasından hoşlanmadığım gerçeğinin farkına vardığım için mutluyum. Artık babamın yanındaki küçük çocuk değilim.

18 Temmuz 1998

Susan'a Klaus'un bazen sinirime dokunduğunu ve bunun sebebini bilmediğimi söyledim. Onu seviyordum. Beni rahatsız eden küçük şeylerdi ve bunun için kendimi suçluyordum. Bana hep iyi davranmıştı. Beni sevdiğini söylüyordu ve bana çok bağlı olduğunu biliyordum. Peki neden böyle küçük şeylere takılıyordum? Bu küçük şeyler neden beni kızdırıyordu? Neden daha rahat olamıyordum? Bir süre daha böyle devam ettim, kendimi suçladım, Susan beni dinledi ve sonunda bana küçük şeylerin neler olduğunu sordu. Bütün ayrıntıları öğrenmek istedi ve önce yorum yapmak istemedim ama sonunda beni kızdıranın ne olduğunu yakından görmeden saatlerce böyle devam edebileceğimi, kendimi suçlayabileceğimi gördüm. Duygularımı ciddiye almadan ve anlamadan önce onları yargılıyordum.

Böylece somut ayrıntıları anlatmaya başladım. Önce mektup hikayesini anlattım. Klaus'a, beni hissettiklerime kulak vermekten vazgeçirmeye çalıştığı zaman kendimi ne kadar kötü hissettiğimi anlatan uzun bir mektup yazdım. Örneğin, olumsuz bir bakış açım olduğunu ya da kılı kırk yardığımı ya da düşünmeye değmeyecek şeyler hakkında fikir yürüttüğümü söylüyordu. Gereksiz yere üzülmemeliydim, bunu yapmam için bir sebep yoktu. Böylesi şeyler beni çok üzüyordu, kendimi yalnız hissediyordum ve hep aynı şeyleri kendi kendime söylemeye başlıyordum; kafanı böyle şeylerle yorma, hayata iyi tarafından bak, o kadar dallandırıp budaklandırma. Ancak Susan ile olan terapim sayesinde anladım ki böylesi nasihatlerin bana hiçbir faydası dokunmuyor. Beyhude bir çabanın içine giriyorum ve bunun iyi bir tarafı da yok. Olduğum gibi hissediyorum; reddedilmiş. Hep daha fazla reddedilmiş hissediyorum. Nasıl daha önce annem tarafından reddedildiysem, şimdi de kendi kendimi reddediyorum. Bir çocuğu, olduğundan tamamıyla farklı biri olmasını isteyerek nasıl sevebilir ki insan? Ben olduğumdan daha farklı biri olmamı istiyorum hep, Klaus da bunu istiyorsa, o zaman ben kendimi sevemem ve başkalarının beni sevebileceğine inanamam. O zaman kimi seviyorlar ki? Olmadığım beni mi? Sevebilmeleri için değiştirebildikleri insanı mı? Böylesi bir "sevgiyi" elde etmeye uğraşamam bile. Bundan çok yoruldum.

Terapinin verdiği cesaretle bütün bunları Klaus'a yazdım. Yazarken önce anlamayacağından korktum. Ya da onu eleştirdiğimi düşüneceğinden (beni en çok korkutan da buydu). Ama öyle yapmıyordum. Yalnızca dürüst ve samimi olmaya çalışıyor ve Klaus'un bunları okuduğu zaman beni daha iyi anlayacağını umuyordum. Neden kendimi değiştirmeye çalıştığımı ve onu da dışarıda bırakmadan bu sürece dahil etmek istediğimi açıkça ifade ettim.

Yanıtı hemen gelmedi. Zihnimi kurcaladığım için kızacağından, sabırsızlanacağından korktum, beni reddetmesinden korktum. Ancak en azından yazdıklarıma bir şekilde karşılık vermesini bekledim. Birkaç gün sonra tatile gittiği yerden beni şaşkına çeviren bir cevap yazdı. Bana yazdığım için teşekkür ediyordu, ancak mektupta yazdıklarımdan hiç söz etmemişti. Bana ne yaptığını, planladığı tırmanma turlarını ve akşamları birlikte dışarı çıktığı insanları anlatmıştı. Tamamıyla yıkılmıştım. Sağduyum bana şöyle dedi; mektubum ona fazla geldi, başka insanların duygularıyla uğraşmaya alışkın değil, bırak kendi duygularını, o yüzden ona anlatmak istediklerimi anlayamamış olabilir. Ancak kendi duygularımı ciddiye alacaksam, bu sağduyunun hiçbir faydası olmayacaktı. Tamamıyla mahvolmuştum, sanki mektubu hiç yazmamış gibiydim. O zaman ben kimim, diye düşündüm, beni bir hiç yerine koyuyorsa? Ruhuma öldürücü bir darbe vurmuş gibi hissettim.

Susan ile bu duyguların üstünden geçtiğim zaman, gerçekten öldürülme tehlikesi ile karşı karşıya olan küçük bir çocuk gibi ağladım. Neyse ki Susan beni duygularımdan vazgeçirmeye, gerçekten bir tehlike altında olmadığımı söylemeye çalışmadı. Ağlamama izin verdi, beni küçük bir çocuk gibi kollarına aldı, sırtımı sıvazladı. O an ilk kez anladım ki çocukluğum boyunca içimdeki bene ölümcül darbeler almak dışında hiçbir şey yaşamamıştım. Klaus ile yaşadığım bu tecrübe, mektubumu yok sayması yeni bir tecrübe değildi. Çok uzun süredir aşina olduğum bir tecrübeydi. Yeni olan şuydu, bu tecrübeye acıyla –nihayet hissedebildiğim acıyla- karşılık verebiliyordum. Çocukken bunu yapmama yardım edecek hiç kimsem yoktu. Beni kollarına alacak, Susan kadar beni anlayacak hiç kimse yoktu. Acı ulaşılmaz bir şeydi. Sonra bu acı kendisini anoreksiya olarak gösterdi ama ben bunun farkına varmadım.

Anoreksiya bana bir şey söylüyordu. Hiç kimse benimle iletişim kurmak istemiyorsa, aç kalacağımı söylüyordu. Ne kadar aç kalırsam, etrafımdaki insanlar o kadar anlayışsız olduklarını göstereceklerdi. Klaus'un mektubuma verdiği yanıt gibi. Doktorlar bir dizi kural koymuştu, annemle babam bana çok daha fazla kural koymuştu, psikiyatrım beni tehdit etmişti, yemek yemeye başlamazsam öleceğimi söyledi ve yemek yemem için bana ilaç verdi. Hepsi iştahımı açmam için beni zorlamaya çalıştı, ancak bana sundukları iletişimsizliğe karnım toktu. Aradığım şey, elde edilmesi imkansız bir şey gibi görünüyordu.

Ta ki Susan'ın beni çok derinden anladığını hissedene kadar böyleydi. O an belki hepimizin doğduğumuz an sahip olduğumuz o umudu verdi; samimi bir alışveriş, bir temas olduğuna dair bir umuttu bu. Her çocuk, annesiyle temas kurmaya çalışır. Herhangi bir karşılık görmezse, umudunu kaybetmeye başlar. O çaresizliğin kökleri pekala annenin reddedişinde olabilir. Şimdi Susan'ın sayesinde o umudum yeniden canlandı. Artık Klaus gibi insanların –bir zamanlar benim yaşadığım gibi paylaşmaya dair bütün umutları tükenen insanların- arkadaşlığını istemiyorum. Başka insanlarla, çocukluğum hakkında konuşabileceğim insanlarla bir araya gelmek istiyorum. İnsanların çoğu bu konudan söz ettiğim zaman muhtemelen korkacak. Ancak aynı dürüstlükle karşılık verecek başkaları vardır umarım. Susan ile baş başa olduğumda, başka bir dünyadaymışım gibi hissediyorum. Klaus ile nasıl bu kadar uzun süre kalabildiğimi anlayamıyorum. Babamın davranışlarını ne kadar hatırlarsam, Klaus'a ve onun gibi arkadaşlarıma olan bağlılığımın kaynağını o kadar açık bir şekilde görüyorum.

31 Aralık 2000

Bugün iki yıl sonra terapi sırasında tuttuğum günlüğü tekrar okumaya başladım. Anoreksiya için gördüğüm yıllar süren terapiyle kıyaslandığında bu aralık pek uzun sayılmaz. Duygularımla olan bağım kopmasına rağmen, yine de her şeye rağmen, bir gün annem ve babamla samimi bir ilişki kurabileceğimi umuyordum. Şimdi her şey değişti. Susan ile terapi bir yıl önce sona erdi. Artık ona ihtiyacım yok çünkü içimdeki çocuğa hayatım boyunca bana neredeyse ilk kez Susan'ın gösterdiği anlayışı gösterebiliyorum. Sonunda bir zamanlar olduğum ve halen içimde yaşayan çocuğa arkadaş olmaya başladım. Bedenimin bana gönderdiği sinyallere saygı duyuyorum, bedenimi kısıtlamayı bıraktım ve işte belirtiler de kayboldu. Artık anoreksiyadan muzdarip değilim, yemek ve hayat için iştahım var. Beni yargılayacaklarından korkmadan açıkça konuşabildiğim birkaç arkadaşım var. İçimdeki çocuk (yalnızca içimdeki yetişkin değil) iletişim ve temas kurma özleminin nasıl reddedildiğini ve geri çevrildiğini anladığından beri bir zamanlar annem ve babamdan beklediklerim yok olup gitti. Dürüstlük ve samimiyet ihtiyacımı yalnızca boşa çıkarabilen insanlara artık kapılmıyorum. Benim gibi ihtiyaçları olan insanlar buldum. Artık geceleri çarpıntım olmuyor, artık uzun karanlık bir tünelde yol alıyormuşum gibi hissetmiyorum. Kilom normal, bedensel işlevlerim yerinde, ilaç içmiyorum, bende alerjik bir tepkiye sebep olacağını bildiğim insanlarla bir araya gelmiyorum. Bunun sebebini de biliyorum. Bunların arasında annem, babam ve yıllardır bana iyi nasihatlerde bulunan başka akrabalarım var.

Bu olumlu gelişmeye rağmen, Anita adını verdiğim kişinin arkasında yatan gerçek insan, annesi, tekrar onu kendisini ziyaret etmek zorunda bırakmayı başarınca, muazzam bir dönüş yaşadı. Annesi hastalandı ve hastalığı için kızını suçladı. Anita, annesinden uzak durmasının annesi için ne büyük bir darbe olacağını bilmeliydi. Bunu ona nasıl yapabilirdi?

Böylesi bir oyun hiç de şaşırtıcı değil. Annesinin durumu, ona yetişkin kızının bilinci üzerinde sınırsız bir güç veriyor. Bir çocuk olarak annesinden asla göremedikleri-ni –huzuru ve ilgiyi- yetişkin kızından görmesi nispeten daha kolay; onda suçluluk duyguları yarattığı sürece.

Terapinin başarısı, Anita bir kez daha o kadim suçluluk duygusu altında ezilince tehlikeye düşmüş gibi göründü. Neyse ki anoreksiyanın belirtileri tekrar ortaya çıkmadı. Ancak annesine yaptığı ziyaretler, Anita'nın bu duygusal şantajın yarattığı haksızlık karşısında gücünü toplamaz ve ziyaretlerini kesmezse, yeni depresyon ataklarını göze alması gerekeceğini fark etmesini sağladı. Bunun için tekrar Susan'a gitti, destek ve yardım göreceği umuduyla.

Şaşırtıcı bir şekilde daha önceden tanımadığı bir Susan ile karşılaştı. Susan, suçluluk duygularından tamamıyla kurtulmayı istiyorsa, yeni bir analitik çalışma yürütmesi gerekeceğini ona anlatmaya çalıştı. Sözünü ettiği çalışma, ödipal kompleksinin çözülmesiyle ilgiliydi. Babasının cinsel istismarı, Anita'nın annesine karşı suçluluk duyguları beslemesine sebep olmuş ve ona olan bağlılığını derinleştirmişti.

Anita bu yorumları anlayamadı, manipüle edilmiş olmaktan dolayı öfke dışında bir şey hissetmedi. Susan'ı psikanalitik düşünce ekolünün bir esiri, bütün iddialarına rağmen, bu dogmaların geçerliliğini asla ciddi bir şekilde sorgulamamış bir esir olarak gördü. Susan, Anita'nın zehirli pedagojinin örüntülerinden sıyrılmasına yardım edebilmişti, ancak şimdi eğitiminin ona aşıladığı düşüncelere, Anita'ya bütünüyle yanlış gelen o düşüncelere ne kadar bağlı olduğunu gösteriyordu. Susan'dan neredeyse otuz yaş gençti ve eski kuşağa aşikar görünen dogmalara uymak zorunda olduğunu hissetmiyordu.

Susan'dan ayrıldı ve terapide benzer tecrübeler yaşayan ve terbiyeyle ilgisi olmayan iletişim biçimleri peşinde olan aynı yaşta başka insanlar aradı. Burada kendisini, ailesinin üzerinde kurduğu baskıdan kurtarması ve bağlantı kuramadığı kuramların kendisine vaaz edilmesine engel olması gerektiği teyit edildi. Depresyonu geçti ve anoreksiyası asla nüksetmedi.

Anoreksiya genellikle çok karmaşık bir durum olarak görülür, sonucu ölümcül olabilir. Genç bir kadın ölümüne sebep olacak kadar kendisine eziyet ediyor. Küçük bir çocukken anne ve babasının ona yaptıklarını tekrar ediyor. Bir çocuk olarak yaşadığı ızdırabı ve her şeyden önemli olan duygusal besini, desteği vermeyerek ona ölecek kadar eziyet eden anne ve babasının davranışını bilinçsiz bir şekilde tekrar yaratıyor. Bu ifade, pek çok kişi için o kadar rahatsızlık verici ki anoreksiyanın anlaşılamaz olduğu ve ilaçla hafifletilebilecek ancak asla tamamıyla iyileştirilemeyecek bir şey olduğu düşüncesine yapışıp kalmayı tercih ediyor. Bedenin anlattığı hikaye yok sayılıyor, Dördüncü Emir uğruna geleneksel ahlaka kurban ediliyor.

Önce Nina ile sonra Susan ile ve nihayet grup ile Anita, *besleyici bir iletişim* için duyduğu ihtiyaç konusunda ısrarcı olma hakkına sahip olduğunu, bu besinden yoksun kalmasının geçerli bir sebebi olmadığını, bedelini depresyonla ödemeden annesiyle birlikte yaşayamayacağını öğrendi. Bu görüş, bedenini tatmin etmek için yeterliydi, bundan böyle bedeninin ihtiyaçlarını ona hatırlatması için bir sebep yoktu. İhtiyaçlarına saygı duymaya başladı ve duygularını olduğu gibi kabul ettiği sürece bütün bencillik suçlamalarına kulaklarını kapattı.

İlk kez klinikte karşılaştığı Nina'nın iyiliği, Anita'nın insani sıcaklığa ve anlaşılmaya dair ilk tecrübesiydi, duygusal taleplerden ve suçlamalardan ariydi. Sonra Susan konusunda, onu dinleyebilen ve onunla birlikte hissedebilen bir terapist bulabildiği için şanslıydı. Kendi duygularını anlayabildi, onları yaşadı ve ifade etme cesareti buldu. Ondan sonra nasıl bir besine ihtiyaç duyduğunu artık biliyordu ve yeni ilişkiler kurabildi, ne olduğunu bilmeden beklenti içine girdiği ilişkilerine son verdi. Artık Susan sayesinde ne istediğini biliyordu. Bu tecrübe sayesinde Anita, terapistinin sınırlarını görebildi. Bir daha asla kendisine sunulan yalanlardan kaçmak için sığınacak bir delik aramayacaktı. Bundan böyle onlarla yarıştıracağı kendi gerçeği vardı. Artık kendisini aç bırakması gerekmiyordu. Hayat tekrar yaşamaya değerdi.

Anita'nın hikayesinin başka yoruma ihtiyacı yok. Anlattığı olaylar, onun durumunun asıl sebebini anlamak için gerekli içgörüyü sağlıyor. Hastalığının kaynağı, anne ve babasının ve erkek arkadaşının onu samimi bir duygusal temastan yoksun bırakmalarının yarattığı açlıktı. Bugün Anita'nın, onu anlamayı isteyen ve anlayan insanların var olduğunu anlamasıyla iyileşmesi mümkün oldu.

Çocukluğumuzda bastırılmış (baskılanmış ya da bağları koparılmış) ancak bedenlerimizdeki hücrelere sinmiş duyguların başında korku gelir. Dövülen bir çocuk, sürekli yeni darbelerden korkmalıdır ancak zulüm gördüğü gerçeğiyle yaşayamaz. Bu gerçeği bastırması gerekir. Aynı şekilde, ihmal edilen bir çocuk, tamamıyla terk edilme korkusuyla, kendi acısını ifade etmeyi bırakın, bilinçli olarak yaşayamaz bile. Böylece çocuk gerçek olmayan, güzel gösterilen, hayali bir dünyaya hapsolur kalır. O dünya ayakta kalmasını sağlar.

Yetişkinlikte bu bastırılan duygular, kimi zaman gayet olağan olaylarla tetiklenir, anlayamazsınız: "Ben mi? Annemden mi korkuyorum? O kesinlikle zararsız biri, bana hep iyi davrandı, çok ihtimam gösterdi. Ondan nasıl korkabilirim ki?" dersiniz ya da şöyle olur: "Annem korkunçtur. Ama bunu biliyorum, bu yüzden onunla bütün ilişkimi kopardım ve ondan tamamıyla bağımsızım." Bu yetişkin birey için doğru olabilir. Ancak halen içinde küçük, tamamlanmamış bir çocuk yaşamaya devam ediyor olabilir; panik derecesindeki korkusunu asla kabul etmemiş, asla bilinçli olarak yaşamamış ve başkalarına yansıtmış bir çocuk. Bu korkular, herhangi açık bir sebep olmadan aniden bizi istila edebilir ve dehşet verici bir paniğe sürükleyebilir. Kişinin babasından ya da annesinden farkında olmadan duyduğu korku, aydınlanmış bir tanığın yanında bilinçli olarak yaşanmadan onlarca yıl sürebilir.

Anita'nın durumunda bu korku, kendisini hastane çalışanlarına duyduğu güvensizlikte ve yemek yiyememesinde göstermişti. Böylesi bir güvensizliğin haklı bir sebebi olabilir, ancak her zaman olmayabilir. Bu kafa karıştırıcı bir şeydir. Beden sürekli şunu söylüyordu: Bunu istemiyorum, ama ne istediğini söyleyemiyordu. Anita, ancak duygularını Susan'ın eşliğinde bilinçli olarak yaşayabildikten, duygusal açıdan tutuk annesinden çocukken duyduğu korkuları keşfedebildikten sonra, kendisini bu korkulardan kurtarabilmişti. O zamandan itibaren şimdi ile hesaplaşabilmiş, uzlaşabilmişti, çünkü aradaki farkı görmeyi öğrenmişti.

Artık Klaus'u samimi, açık bir iletişim kurmaya zorlamanın beyhude olduğunu biliyordu, çünkü tutumunu değiştirmek tamamıyla ona bağlıydı. Klaus, onun için bir yedek anne olmayı bıraktı. Öte yandan, aniden çevresindeki annesinden ve babasından farklı olan insanları, artık kendisini onlara karşı koruması gerekmeyen insanları keşfetti. Artık küçük Anita'nın hikayesini bildiği için, onu tekrar tekrar canlandırması gerekmiyordu. Şimdi yolunu daha iyi bulabiliyordu ve şimdi ile geçmiş arasındaki farkı görebiliyordu. Yemekten yeni yeni duymaya başladığı haz, herhangi bir çaba göstermek zorunda kalmadan da ona kucak açan insanlarla temasa geçmekten aldığı hazzı da yansıtıyordu. Onlarla alışveriş içinde olmaktan zevk duyuyordu ve bazen neredeyse bütün arkadaşlarından uzun süredir onu ayrı düşüren o güvensizliğe ve korkuya ne olduğunu merak ediyordu. Şimdi, çok karışık biçimde yakalanıp takıldığı geçmişin ağlarından kurtulur kurtulmaz bütün güvensizlik ve korkular da yok oluvermişti.

Pek çok genç insanın psikiyatriye şüpheyle baktığını biliyoruz. Aslında öyle olsa da, psikiyatrların niyetlerinin iyi olduğuna kolayca ikna olmuyorlar. Her türlü numarayı, geleneksel ahlakın tarafındaki zehirli pedagojinin ortaya koyduğu iddiaları, ilk yıllarından beri bildikleri ve şüphelendikleri her şeyi bekliyorlar. Terapist, hastanın güvenini kazanmalıdır. Ancak hastaların güveni defalarca suistimal edildiyse, bu nasıl mümkün olacak? Terapistin sürdürülebilir bir ilişki kurmak için aylarca, yıllarca uğraşması gerektiği anlamına mı geliyor bu?

Sanmıyorum. Tecrübeme göre, çok şüpheci insanlar dahi gerçekten anlaşıldıklarını ve oldukları gibi kabul edildiklerini hissederlerse, karşılık göstereceklerdir. Portekizli kız Nina ve terapist Susan ile tanıştığında Anita'nın tepkisi buydu. Bedeni, yoksun kaldığı gerçek besini gördüğü zaman, iştahının açılması ile şüpheden vazgeçmesi için ona hemen yardım etmişti. Samimi bir anlama isteği kolayca fark edilir, çünkü sahteliğe izin vermez. Bu teklifi sunan kişi samimi ise, bir duvarın arkasında hareket eden biri değilse, bu hemen anlaşılır, şüpheci bir genç dahi hemen anlar bunu. Ancak bu yardım teklifinde hiçbir kandırma izi olmamalıdır.

Beden er ya da geç bunun farkına varacaktır ve güzel sözler kimseyi uzun süre kandıramaz.

Özet

Küçük çocukları dövmek, ağır hatta kimi zaman hayat boyu süren sonuçları olan bir suistimal türüdür. Bir çocuğa uygulanan şiddetin izi bedende kalır ve sonra yetişkin tarafından başka insanlara hatta uluslara yöneltilir. Bir başka tezahürü de suistimal edilen çocuğun depresyona, uyuşturucu bağımlılığına, ağır hastalıklara, intihara ya da erken ölüme sebep olacak şekilde şiddeti kendisine yöneltmesidir. Bu kitabın ilk bölümü gerçeğin, çocuklukta görülen zulmün inkar edilmesinin, bedenin canı koruma yönündeki biyolojik görevini önemli ölçüde engelleyeceğini ve böylesi bir inkarın hayati fonksiyonları nasıl bloke edebileceğini anlatır.

Ebeveynimize hayatımız boyunca hürmet göstermemiz gerektiği fikri, iki temel üzerine inşa edilmiştir: İlki, ağır sapıklık şekline bürünebilecek mazoşistik davranışta tezahür eden suistimal edilen çocuğun kendisine eziyet edenlere (yıkıcı) bağlılığıdır. İkincisi ise, bize ne yapmış olurlarsa olsunlar, anne babalarımızın hak ettikleri hürmeti onlara göstermediğimiz takdirde bizi binlerce yıldır erken ölmekle tehdit eden geleneksel ahlaktır.

Bu korkutma ahlakının, küçükken suistimal edilmiş bireyler üzerinde yaratacağı korkunç etkiyi anlamak zor değildir. Çocukken dövülen herkes, korkmaya meyillidir. Çocukken sevgiden yoksun kalmış herkes sevginin özlemini –belki de hayatları boyunca- çekeceklerdir. Bu özlem, pek çok beklentiyi içerir ve bu beklentiler, sözünü ettiğimiz korkuyla birleştiği zaman Dördüncü Emir'in serpileceği mükemmel bir ortam yaratır. Yetişkinlerin çocuklar üzerindeki gücünü temsil eder ve dünyadaki bütün dinlere şaşmaz bir şekilde yansır.

Bu kitapta psikoloji geliştikçe Dördüncü Emir'in kudretinin, bedenin –gerçek, kendine ve kendi algılarına, duygularına ve içgörülerine sadakat dahil olmak üzere- hayati biyolojik ihtiyaçlarına gerekli saygıyı gösterecek şekilde azalacağına dair umudumu ifade ediyorum. Duygularımı samimi bir iletişim biçimiyle samimi şekilde ifade etmenin peşinde olursam, yalanların ve samimiyetsizliğin üzerine kurulmuş her şey benden uzaklaşır. Sahip olmadığım duygulara sahipmişim gibi yaptığım bir ilişki istemem artık ya da hissettiklerimi bastırmam. Dürüstlüğü dışarıda bırakan sevgi, sevgi adını hak etmez.

Aşağıdaki hususlar bu düşünceleri özetleyebilir:

1. Daha önce suistimal edilmiş çocukların anne babalarına duydukları "sevgi" sevgi değildir. Beklentilerle, yanılsamalarla ve inkarlarla dolu bir *bağlılıktır* ve bütün bunların bedeli çok yüksektir.

2. Bu bağlılığın *bedeli,* öncelikle anne babaları onların "iyiliği" için yaptıkları şeyleri otomatik olarak aşıladıklarından, bir yalancılık ruhu içinde büyüyen bir sonraki kuşaktaki çocuklar tarafından ödenir. Genç anne ve babaların kendileri, sağlıklarına ciddi bir hasar vererek bu inkarlarının bedelini öderler çünkü "minnetleri" bedenlerinde saklı olan bilgiyle çelişir.

3. *Terapinin sürekli olarak başarısız olmasının* sebebi, pek çok terapistin geleneksel ahlakın tuzağına düşmesi ve danı-

şanlarını da aynı tuzağa düşmeye sürüklemesidir çünkü bildikleri bundan ibarettir. Danışanlar, örneğin, ensest bir babanın yaptıklarını hissedebilecek ve kınayabilecek duruma geldiklerinde, terapistleri muhtemelen, kendi gerçekleriyle yüzleşebilecek ve olanı olduğu gibi ifade edecek cesareti gösterseler, kendi anne ve babaları tarafından cezalandırılma korkusu saracaktır. Affetmenin, bir iyileşme aracı olduğu gerçeğini başka nasıl açıklayabiliriz? Terapistler, tıpkı anne ve babaların yaptıkları gibi, kendilerini rahatlatmak için sürekli bunu öne sürerler. Ancak bu fikir, çocukluklarında anne babalarının onlara ilettikleri mesajlara çok benzediği ancak kulağa daha sevecen geldiği için, bazı hastalar, bunu pedagojik açıdan görmek için zamana ihtiyaç duyabilirler. Bunun nihayet farkına vardıkları zaman da terapistlerini çok zor bırakabilirler; özellikle de yeni bir toksik ilişki kurulduysa ve terapist onlar için yeniden doğmalarına yardımcı olan bir anne gibi olduysa (çünkü bu yeni ilişkide hissetmeye başlamışlardır). Böylece kendi bedenlerini dinlemek ve bedenlerinin verdiği sinyallerin temsil ettiği yardımı kabul etmek yerine terapistin onları korumasını beklemeye devam edebilirler.

4. Aydınlanmış bir tanığa sahip olma şansı bulan danışanlar, anne babalarından (ya da onları temsil eden figürlerden) duydukları korkuyu yaşayıp anlayabilir ve yavaş yavaş *yıkıcı bağlılıklarını koparabilirler*. Beden olumlu tepkisini göstermek üzere çok beklemeyecektir, iletişimleri çok daha anlaşılır olacaktır, kendisini gizemli belirtilerle ifade etmeye son verecektir. Sonra danışanlar, terapistlerinin (genellikle istemeden) onları kandırdıklarını fark edeceklerdir çünkü affetmek, bıra-

kın tamamıyla iyileşmeyi, aslında eski yaraların üstünde bir yara izi oluşmasını dahi *engeller*. Aynı örüntünün tekrar tekrar yinelenmesi düzenini asla bozamaz. Herkes bunu kendi tecrübesinde görebilir.

Bu kitapta, yaygın olarak kabul gören görüşlerin bilimsel araştırmalar tarafından çürütüldüğünü göstermeye çalıştım. Bu görüşlerin arasında affetmenin sağaltıcı bir etkisinin olduğu, bir dini emrin samimi bir sevgi yaratabileceği ve hissetmediğimiz duyguları hissediyormuş gibi yapmanın dürüstlük talebiyle uyuştuğu yer alır. Ancak böylesi yanıltıcı düşüncelere dair eleştirim, kesinlikle herhangi bir ahlaki standardı tanımadığım ya da ahlakı bütünüyle reddettiğim anlamına gelmez.

Aksine, dürüstlük, farkındalık, sorumluluk ve kendine inanmak gibi bazı değerlere büyük bir sadakatle bağlı olduğum için, aşikar olduğunu düşündüğüm ve aslında yaşayarak ispatlanmış gerçeklerin inkar edilmesi konusunda zorluk yaşıyorum.

Çocuklukta yaşanan acılarla yüzleşememe hem dini itaat, kinizm ve ironi şeklinde hem de felsefe ya da edebiyat kılığında gizlenen kendine yabancılaşma biçimlerinde görülebilir. Ancak beden, eninde sonunda isyan edecektir. Uyuşturucuların, nikotinin, ilaçların yardımıyla geçici olarak bastırılabilse de son sözü genellikle o söyler, çünkü özellikle zihin, yabancı bir ben olarak işlev görmek üzere eğitildiyse, kendini kandırma zihne kıyasla bedende daha kolay görülür. Bedenin verdiği mesajları yok sayabilir ya da onları ciddiye almayabiliriz, ancak bedenin isyanı dikkate alınmalıdır. Çünkü bedenin dili, kendi benliklerimizin ve canımızın gücünün samimi bir ifadesidir.

Sonsöz

Bedenin İsyanı

Bir Meydan Okuma

Neredeyse bütün kitaplarım, çelişkili tepkiler uyandırmıştır. Ancak son kitabımdaki yargıların onaylanmasının ya da reddedilmesinin yarattığı duygusal yoğunluk gerçekten dikkate değer. Edindiğim izlenim, bu duygusal yoğunluk, söz konusu okurların kendi benliklerine ne kadar yakın ya da uzak olduklarının dolaylı bir ifadesidir.

Bu kitabın Mart 2004'te yayımlanmasından sonra, pek çok okur bana yazarak artık hissetmedikleri duyguları hissediyormuş gibi yapmak ya da sürekli kendilerini hissettiren duyguları inkar etmek zorunda olmamalarının ne kadar rahatlatıcı olduğunu ifade etti. Ancak başka tepkilerde, özellikle de basındaki tepkilerde, normalde olduğundan çok daha geniş bir anlam ifade eden yanlış muamele ifadesini kullanarak kendimin de katkıda bulunduğu temel bir yanlış anlaşılmanın belirtilerini gördüm.

Bu sözcüğün zihnimizde yarattığı imge, bedeninin maruz kaldığı fiziksel yaralanmaların izlerini taşıyan bir çocuktur. Ancak bu kitapta yanlış muamele dediğim şey, daha çok çocuğun zihinsel ya da fiziksel bütünlüğünün bozulması, ihlal edilmesi ile ilgilidir. En başta bu ihlaller *gözle görülmeyebilir*. Etkileri genellikle onlarca yıl sonra görülebilir ve hatta o zaman bile çocuklukta alınan yaralar ile bağlantıları nadiren fark edilir ve ciddiye alınır. Hem kurbanların kendileri hem de genel olarak toplum (hekimler, avukatlar, öğretmenler ve ne yazık ki pek çok terapist) daha sonra görülen "bozuklukların" ya da "yanlış davranışların" gerçek sebeplerinin genellikle çocukluktan kaynaklandığı gerçeğine gözlerini kapatmayı tercih ederler.

Bu gözle görülmeyen yaraları "yanlış muamele" olarak adlandırma kararım, kimi zaman direnç ve öfkeli bir itiraz yaratıyor. Bu tutumu anlamam kolay çünkü çok uzun süre ben de benimsemiştim. Eskiden biri bana çocukken zulüm gördüğümü söyleseydi, ben de hemen o "imayı" reddederdim. Ancak bugün çocukluğumda yıllarca zihinsel zulme maruz kaldığımı gayet iyi biliyorum. Rüyalarım, resimlerim ve kendi bedenimin verdiği mesajlar bunu bana söylüyor, ancak yetişkin olarak bu gerçeği kabul etmeyi uzun süre reddettim. Pek çok insan gibi ben de şöyle düşündüm: "Ben mi? Ben hiç dayak yemedim ki. Yediğim birkaç tokatın hiçbir anlamı yoktu. Annem benden çok çekti." (Kitapta okur başkalarının benzer ifadelerini okuyacaktır.)

Küçük yaştaki, gözle görülmeyen yaraların sonuçlarının bu kadar ağır olmasının sebebinin, çocuklukta çekilen acıların önemsiz görülmesinden ve öneminin inkar edilmesinden kaynaklandığını unutmamalıyız. Yetişkinler, kendilerinden kat kat büyük, öfkeli bir dev aniden onlara saldırsa dehşete düşeceklerini ve aşağılanmış hissedeceklerini kolayca zihinlerinde tasavvur edebilirler. Ne var ki elimizde çocukların çevrelerine ne kadar hassas ve yetkin bir şekilde karşılık verdiklerini gösteren her türlü kanıt olmasına rağmen, küçük çocukların aynı şekilde tepki göstermeyeceğini varsayarız (Dornes, 1993). Anne babalar tokatların ve şaplakların can acıtmadığını düşünürler. Böylesi bir muamele, çocuklar üzerine belirli değerleri empoze etmek için yapılır. Çocuklar da kendilerine inanmayı bırakırlar. Hatta bazıları bütün bunlara gülüp geçmeyi ve hissettikleri aşağılanma duygusunun verdiği acıyla dalga geçmeyi öğrenirler. Yetişkinler olarak bu alaya alma işine sarılır, kendi kinizmlerinden gurur duyarlar, hatta kimi zaman bundan bir edebiyat yaratırlar; tıpkı James Joyce, Frank McCourt ve pek çok yazarın yaptığı gibi. Gerçek duyguların bastırılmasının kaçınılmaz sonuçları olan anksiyete ve depresyon gibi belirtiler yaşasalar, en azından bir süre için faydası dokunacak ilaçlar verebilecek doktorları kolayca bulurlar. Böylece geçmişten kaynaklanan duygulara karşı denenmiş ve başarılı olmuş şifa yöntemi olan kendilerine yönelik kinayelerini sürdürebilirler. Böylece anne babalarına dikkatli muamele edilmesine azami önem veren bir toplumun taleplerini karşılamış olurlar.

Pek çok terapist, danışanlarının dikkatini kendi çocukluklarından uzaklaştırmak için çabalar. Bu kitapta bunun neden ve nasıl gerçekleştiğini açıkça ortaya koyuyorum. Anlatımlarım, okurların gördükleri terapilerin kendilerine eşlik edip etmediğini veya yabancılaştırıp yabancılaştırmadığını anlamalarını sağlayacaktır. Ne yazık ki genellikle bu seçeneklerin ikincisi görülür. Analitik çevrelerde büyük saygı gören bir yazar bir kitabında gerçek benlik diye bir şey olmadığını ve bunun hakkında konuşmanın yanıltıcı olduğunu söyleyecek kadar ileri gider. Böylesi bir tutuma dayalı terapötik ilişkide yetişkin danışanların kendi çocuklarının gerçeğini görme ihtimali nedir? Çocuklar olarak yaşadıkları güçsüzlüğe dair farkındalığı nasıl kazanabilirler? Gerçek durumu -onu görmelerine yardım eden hiç kimse olmadığı için- algılayamadan, böylesi yaraları aldıkları zaman hissettikleri çaresizliği yıllarca tekrar tekrar nasıl tekrar yaşayabilirler? Bu çocuklar, kargaşaya sığınarak ve kimi zaman kendilerini alaya alarak kendilerini kurtarmaya çalışmak zorunda kalmışlardı. Bu karmaşayı daha sonraki bir aşamada, duygularına erişmelerini engellemeyen bir terapi ile çözemeyen yetişkinler, kendi kaderlerine yönelik alayın esirleri olarak kalacaklardır.

Mevcut duygularını, küçük çocukların basit, haklı ve güçlü duygularına götüren kapıyı açan bir anahtar olarak kullanabilirlerse ve bu duyguları anne babalarının ya da onların yerindeki kişilerin (isteyerek ya da istemeyerek ettikleri) zulme karşı anlaşılabilir tepkileri olarak görebilirlerse, o zaman gülecek bir şey kalmaz. Alay, kinizm ve kendilerine yönelik kinaye ortadan kaybolacaktır ve bununla birlikte en azından bu lüksün bedeli olan belirtiler de yok olacaktır. Sonra bireyin gerçek benliği, gerçek duyguları ve ihtiyaçları erişilebilir hale gelecektir. Kendi hayatıma dönüp baktığım zaman, gerçek benliğimin bütün dış ve iç dirence rağmen gösterdiği dayanıklılık, sebat ve inat beni hayrete düşürüyor ve terapistlerin yardımı olmadan bu özellikler var olmayı sürdürüyor çünkü kendimin aydınlanmış tanığı haline geldim.

Elbette kinizmden ve kendini alaya almadan vazgeçmek, çocuklukta görülen zulümle hesaplaşmak için yeterli değildir. Ancak bunun vazgeçilmez ve gerekli bir önkoşuludur. Israrcı bir alay ile herhangi dikkate değer bir ilerleme kaydetmeden bir dizi terapiden geçebiliriz çünkü gerçek duygularımızdan ve dolayısıyla bir zamanlar olduğumuz çocuğun duygularını anlamaktan uzağızdır. Bizim ödediğimiz (ya da sağlık sigortamızın ödediği) bedel, kendi gerçeğimizden kaçmamızı sağlayan bir tür terapi olur ve bu doğrultuda daha iyiye doğru değişmeyi pek bekleyemeyiz.

Yüz yıldan uzun bir süre önce Sigmund Freud, bütün suçu çocuğa atıp anne babaları kayırarak hüküm süren ahlaka çekinmeden kendisini bırakmıştı. Arkasından gelenler de aynısını yaptılar. Son üç kitabımda psikanalizin, çocuklara yönelik zulüm ve cinsel istismar gerçeğine kendisini giderek daha az kapattığına ve bu gerçekleri kuramsal değerlendirmelerine dahil etmek için çaba gösterdiğine dikkat çekmeme rağmen, bu girişimler halen Dördüncü Emir tarafından büyük ölçüde engellenmektedir. Daha önce olduğu gibi, anne babaların çocuklardaki belirtilerin görülmesindeki rolü hâlâ hafife alınıyor ve kasti olarak yanlış sunuluyor. Ufkun sözde genişlemesinin terapistlerin çoğunun tutumunu gerçekten değiştirip değiştirmediğini bilemiyorum. Ancak yayınlardan edindiğim izlenim, geleneksel ahlak üzerinde kafa yorulmasının gerektiği yönünde. Anne babaların davranışları hem uygulama açısından hem de kuramsal açıdan savunulmaya devam ediyor. Eli Zaretsky'nin *Ruhun Gizemleri* (Secrets of the Soul) adlı kitabında psikanalizin günümüze kadarki ayrıntılı tarihi ele alınıyor (ve Dördüncü Emir'e hiç değinilmiyor). O yüzden bu kitapta psikanalizi ele alışım biraz olağandışı.

Diğer kitaplarımı bilmeyen okurlar, benim yazdıklarımla psikanaliz kuramları arasındaki muazzam farkı görmekte zorlanabilirler. Nihayetinde analistler, çok büyük ölçüde dikkatlerini çocukluk üzerinde topluyorlar ve erken dönemdeki travmaların daha sonraki hayatı etkilediği fikrine giderek daha açık oluyorlar. Ancak anne babaların açtıkları yaralar genellikle hâlâ görmezden geliniyor. Çoğunlukla ele alınan travmalar anne babanın kaybı, ağır hastalıklar, boşanmalar, doğal afetler, savaşlar ve benzeridir. Burada hastaların hissettikleri şey, bu travmatik olaylar karşısında artık yalnız olmadıklarıdır; analist, çocuğun durumuyla kolayca empati kurabilir ve aydınlanmış tanık olarak bu çocukluk acılarıyla hesaplaşma konusunda etkili bir yardım sağlayabilir, bunun sebebi analitik terapistlere kendi acılarını hatırlatmaları değildir. Ancak çoğu insanın maruz kaldığı yaralar, kişinin kendi anne ve babasına hissettiği nefreti ve sonra yetişkinlerin kendi çocuklarına ettikleri kötülüğü algılamak söz konusu olunca işler çok değişir.

Martin Dornes'in *Der kompetente Säugling* adlı faydalı kitabı -yazar, okuru tam tersine ikna etmek için uğraşsa da- çocuklukla ilgili güncel araştırmalar ile çoğu analisti yönlendiren kavramları uzlaştırmanın ne kadar zor olduğunu açıkça ortaya koyuyor. Bunun kitaplarımda ele aldığım pek çok sebebi var, ancak asıl sebeplerin düşünce blokajlarının etkilerinde bulunabileceğine inanıyorum (2001). Dördüncü Emir ile birlikte bu engeller, dikkatimizi çocukluğa dair gerçeklerden uzaklaştırıyor. Sigmund Freud'un kendisi ve en önemlisi Melanie Klein, Otto Kernberg ve onların halefleri ve *Ben Psikolojisi ve Uyum Sorunu*'nun yazarı Heinz Hartmann, çocuğa zehirli pedagoji ruhu için yetiştirilmenin dayattığı bir şeyi isnat ettiler: Çocuklar doğuştan kötüdür ya da "çokbiçimli sapıktır." *Sürgündeki Bilgiler* (Verbannten Wissen) adlı kitapta büyük saygı gören analist Glover'ın çocuklara bakışıyla ilgili kapsamlı bir alıntıya yer vermiştim. Bütün bunlar çocukluğa dair gerçeklikle, yaralı ve acı çeken çocuğun yaşadığı gerçekle çok az ilintilidir. Fiziksel cezalandırma ve diğer zihinsel zulüm biçimleri, neredeyse bütün dünyada uygun çocuk yetiştirmenin meşru bir özelliği olarak görüldüğü sürece, çocukların çoğunun bu başlık altında yer alacağına dair hiçbir şüphe yoktur.

Sandor Ferenczi, John Bowlby ve Heinz Kohut gibi analistler ve diğerleri bu gerçeği açıkça ortaya koymuşlar ve psikanalizin sınırlarında kalmışlardır çünkü araştırmaları dürtü kuramıyla açıkça çelişiyordu. Bildiğim kadarıyla hiçbiri Uluslararası Psikanaliz Birliği'nden ayrılmadılar. Neden? Çünkü bugün diğerleri gibi, hepsi psikanalizin dogmatik değil açık bir sistem olduğunu ve modern araştırmaların bulgularını birleştirebileceğini umut etmişlerdi. Bunun gelecekte mümkün olmayacağını söylemek istemesem de, böylesine bir açılım için vazgeçilmez önkoşulun, çocuklukta yaşanan gerçek zihinsel yaralanmaları (kötü muameleyi) algılama ve ebeveynin, çocuklarının acılarını önemsiz saydıklarını kabul etme konusunda özgürlük olduğuna inanıyorum. Bu ancak duygular üzerindeki çalışmalar, psikanalitik uygulamalara dahil olduğu ve duyguların açığa vurma gücünden korkulmadığı zaman mümkün olacaktır ve böylesi bir gelişme, primal terapiyle aynı olmak zorunda değildir. Bu gerçekleştiği zaman, bunu yaşayanlar, aydınlanmış tanığın ve kendi bedenlerinin verdiği mesajların yardımıyla erken dönemde aldıkları yaralarla yüzleşebilir ve köklerine ve gerçek benliklerine götüren yolu açabilirler. Bildiğim kadarıyla, bu durum, psikanaliz çerçevesinde henüz gerçekleşmedi.

Havva'nın Uyanışı (Evas Erwachen, 2001) adlı kitabımda psikanalize yönelik eleştirimi somut bir örnek üzerinden resmettim. Yaratıcı analist Donald W. Winnicott'un dahi meslektaşı Harry Guntrip'e yardım edemediğini, çünkü Harry'nin annesinin oğlu Harry'ye karşı hissettiği nefreti algılayamadığını ya da inkar ettiğini gösterebilmiştim. Bu örnek, psikanalizin ebeveyni koruyan sınırlarına güçlü bir şekilde dikkat çekmektedir, bu sınırlar benim Psikanaliz Birliği'nden ayrılmama ve kendi yoluma gitmeme sebep olmuştur ve benim bir kural tanımaz olarak reddedilmeme yol açmıştır. Reddedilmiş ve yanlış anlaşılmış olmak nahoş gelse de bir kural tanımaz olmak bana büyük faydalar sağlamıştır. Araştırmalarım için çok verimli olmuş ve gerçekten önemsediğim meseleleri takip edebilmek için ihtiyaç duyduğum özgürlüğü sağlamıştır. Bu düşünme ve yazma özgürlüğü benim için çok değerlidir.

Bu özgürlük sayesinde, çocuklarının hayatlarını mahveden anne babalara onları kayırmadan bakabildim. Böylece büyük bir tabuyu ortadan kaldırdım. Yalnızca psikanalizde değil, genel olarak toplumumuzda da ebeveyn ve aileler kesinlikle bir şiddet ve ızdırap kaynağı olarak gösterilemez. Bu bilgiden duyulan korku, şiddet konusunu ele alan çoğu televizyon programında açıkça görülür.

Çocuklara edilen kötü muamele ile ilgili istatistiki anketler ve pek çok danışan, terapideki çocukluğa ilişkin tecrübelerin psikanaliz alanı dışında yeni terapi türlerinin oluşmasına yol açtığını ortaya koymaktadır. Bu terapi türleri, travmanın tedavisi üzerine odaklanır ve pek çok hastanede uygulanır. Ancak bu terapi türlerinde bile (hastalara empati duyma hususundaki iyi niyetlere rağmen), bireyin samimi duyguları ve anne babalarının gerçek kişilikleri –özellikle de (hayal gücüne dayalı ve bilişsel) alıştırmaların ya da manevi tesellinin yardımıyla- halen örtülü olabilir. Bu sözde terapötik müdahaleler, dikkati, danışanların gerçek duygularından ve çocukluk tecrübelerinin gerçekliğinden uzaklaştırır. Danışanlar (hem kendi duygularına hem de gerçek tecrübelerine erişebilseler) kendi benliklerine götüren yolu bulabilir ve böylece depresyonlarından kurtulabilirler. Bu gerçekleşmezse, çocukluğa ilişkin gerçek yok sayıldığı sürece, bazı belirtiler yok olup fiziksel rahatsızlıklar olarak dönebilir. Bu gerçek, beden terapisinde hariç tutulabilir; özellikle de terapist hâlâ kendi anne ve babasından korkuyorsa ve onları idealize etmeye devam etmek zorundaysa.

Annelerin (ve babaların internet üzerindeki Ourchildhood-Forum başlıklı çocuklukla ilgili forumda) kendi çocukluklarında aldıkları yaraların sonucu olarak kendi çocuklarını sevmelerinin nasıl engellendiğine dair dürüst ifadeleri var. Bu ifadelerden bir şeyler öğrenebiliriz ve böylece her durumda anne sevgisini idealize etmeyi bırakabiliriz. Sonra çocukları, çığlık atan canavarlar olarak ele almak zorunda kalmayız; onun yerine onların iç dünyalarını anlamaya, kendileri hiç yaşamadıkları için herhangi bir sevgi dolu iletişim kuramayan ebeveynle büyümenin yalnızlığını ve güçsüzlüğünü kavramaya başlarız. Böylece çocuğun çığlıklarında –anne ve babasının gerçek ancak genellikle bilinçsiz zulmüne karşı- makul ve haklı bir tepki olduğunu ve toplumun henüz bunu kabul etmediğini anlarız. Aynı ölçüde bir başka doğal tepki de, bireylerin kendi hasarlı hayatları hakkında yaşadıkları çaresizlik, bazı travma terapilerinin "olumlu düşüncenin" yardımıyla hafifletmeye çalıştığı çaresizliktir. Ancak bu güçlü "olumsuz" duygular, anne babalarımız tarafından "yalnızca" yok sayıldığımızda ya da zulüm gördüğümüzde ne hissetmemiz gerektiğini anlamamızı sağlar. Bu bilgiye inkarlardan, kaygılardan ya da tahminlerden kurtulabilmemiz için ihtiyaç duyarız.

Anne ve babanın zulmü her zaman fiziksel bir şekilde olmaz (ne var ki dünya nüfusunun yüzde 90'ı çocukken dayak yemiştir); zulüm, şefkatin ve iletişimin eksikliği, çocuğun ihtiyaçlarının karşılanmaması, ruhsal acılarına kayıtsızlık, anlamsız ve sapıkça cezalandırma, cinsel istismar, çocuğun koşulsuz sevgisinin sömürülmesi, duygusal şantaj, çocuğun benliğinin yerle bir edilmesi, sayısız farklı şekilde güç uygulanması olarak tezahür edebilir. Bu liste sonsuzdur. En kötüsü de şudur: Çocuk, başka türlüsünü bilmediği için, bunu normal bir davranış olarak görmeyi öğrenir. Her çocuk, ona ne yaparlarsa yapsınlar, annesini ve babasını koşulsuz olarak sever.

Davranış bilimcisi Konrad Lorenz, kazlarından birinin çizmesine duyduğu sevgiyi çok duygusal bir dille anlatır. Kaz yavrusunun doğar doğmaz gördüğü ilk şey bu çizmeydi. Böylesi bir bağlılık içgüdüseldir. Ancak biz insanlar, en başında faydalı olan bu içgüdüyü hayatımız boyunca sürdürecek olsak, hep uslu çocuklar olarak kalırdık ve yetişkinliğin faydalarını asla göremezdik. Bu faydaların arasında farkındalık, düşünce özgürlüğü, kendi duygularımıza erişmek ve kıyaslama yapabilme yetisi yer alır. Kiliselerin ve iktidarın bu gelişime sekte vurmak ve bireylerin ebeveyn figürlerine bağlı kalmalarını sağlamak istediği bilinir. Bedenin bunun bedelini ödediği ise daha az bilinir. Anne ve babamızın ettiği kötülükleri bilsek ne olur ki? Güçlerinin bir etkisi kalmasa bu ebeveyn figürlerine ne olur ki?

Bu yüzden "ebeveynlik" kurumu halen mutlak bir dokunulmazlığa sahip. Bu durum (bu kitabın talep ettiği gibi) bir gün değişirse, anne ve babalarımızın bizlere ettiği kötü muameleyi hissedecek durumda olacağız. Bedenlerimizin yaydığı sinyalleri daha iyi anlayacağız ve bu sinyallerle huzur içinde yaşayacağız, -hiç sevilmediğimizden ve bundan sonra sevilemeyeceğimizden- sevilmiş çocuklar olarak değil de zihni açık, olan bitenin farkında ve belki de sevgi dolu ebeveyn olarak yaşayacağız, hayat hikayelerimizden artık korkmayacağız çünkü onlarla ilgili her şeyi bileceğiz.

Gördüğüm tepkilerde başka yanlış anlaşılmalara da rast geldim, bunlardan yalnızca ikisini burada ele almak isterim. Ağır depresyon vakalarındaki gaddar anne ve babalar ile araya mesafe koyma meselesi ve benim kişisel hayat hikayemle ilgili bu hususlar.

Öncelikle bu kitapta nadiren gerçek anne babalardan söz ediyorum, hep içselleştirilmiş ebeveyni anlatıyorum ve hiçbir yerde "kötü" anne ve babalardan bahsetmiyorum. Hänsel ile Gretel'e nasihatte bulunmuyorum, elbette onlar da kötü ebeveynden kaçmak zorunda kalacaklardı. Çocukluğumuzdan beri bastırılan ve ruhun mahzeninde varlığını sürdürmeye devam eden gerçek duyguları ciddiye almamız gerektiğini savunuyorum. Böylesi bir psikoloji eğitimine aşina olmayanlar, okurları "kötü ebeveyne" karşı ayaklanmak üzere kışkırttığıma inanabilirler. Ancak psikoloji konusunda biraz daha fazla farkındalığı olan okurların "içselleştirilmiş" sözcüğünü gözden kaçırmayacaklarını umuyorum.

Elbette kendi çocukluğum hakkındaki yazılar yüzeysel olarak değil de ferasetle okunursa memnun olurum. Çocuklara edilen zulüm olgusu üzerinde çalışmaya başladığımdan beri, beni eleştirenler bu zulmü her yerde görmekle suçladılar ve bunun sebebinin benim zulme maruz kalmam olduğunu söylediler. Önce buna şaşırdım çünkü o sırada hikayemin ilk zamanları hakkında çok az şey biliyordum. Bugün düşünüyorum da, gerçekten savuşturduğum o acılar, bu konuyu incelememe yol açmış olabilir. Ne var ki, bu konuyu araştırmaya başladığım zaman şunu keşfettim; bu yalnızca benim kaderim değildi, pek çok kişinin de kaderiydi. Aslında onlar bana yol gösterdiler, o insanların anlattıkları sayesinde kendi savunmalarımı çözmeye, etrafıma bakmaya ve çocuklukta çekilen acıların inatla inkar edilmesinden sonuçlar çıkarmaya başladım, bu benim kendimi de anlamama yardımcı oldu. Bunun için bu insanlara minnettarım.

Kaynakça

Anonm: "Lass mich die Nacht überleben" (Bırak Geceyi Yaşayayım), Der Spiegel, Sayı. 28, 7. 7. 2003

Becker, Jurek: *Ende des Größenwahns. Aufsätze, Vorträge (Bir Megolamanın Sonu, Denemeler, Dersler)*, Frankfurt am Main: Suhrkamp 1996

Bonnefoy, Yves: *Rimbaud*. Öz yaşam öyküsü ve Resimli Belgelerle. Fransızca'dan aktaran J.-M. Zemb, Reinbek bei Hamburg: Rowohlt Taschenbuch Verlag [7]1999 [1962]

Burschell, Friedrich: *Friedrich Schiller in Selbstzeugnissen und Bilddokumenten (Özyaşamöyküsü ve Resimli Belgelerle Friedrich Schiller)*, Reinbek bei Hamburg: Rowohlt Taschenbuch Verlag 1958

Çehov, Anton P.: *Briefe* (Mektuplar). Düzenleyen ve tercüme eden Peter Urban, Zürih: Diogenes Verlag 1979

Damasio, Antonio R.: "Auch Schnecken haben Emotionen" (Salyangozların da Duyguları Var), Spiegel-Gesprach (Mülâkat): Der Spiegel, Nr. 49, 1. 12. 2003

DeSalvo, Louise: *Virginia Woolf-Die Auswirkungen sexuellen Mißrauchs auf ihr Leben und Werk* (Virginia Woolf- Cinsel İstismarın Hayatı ve Yapıtları Üzerindeki Etkileri), Münih: Verlag Antje Kunstmann 1990

Domes, Martin: *Der kompetente Säugling* (Yetenekli Bebek), Frankfurt/M.: S. Fischer 1993

James, Oliver: *They F*** You Up*, Londra: Bloomsbury 2002

Joyce, James: *Briefe* (Mektuplar). Üç ciltten seçilen Richard Ellmann, editör Rudolf Hartung. Almanca'dan çeviren Kurt Heinrich Hansen. Frankfurt am Main: Suhrkamp 1975

Juul, Jesper: *Das kompetente Kind* (Yetenekli Çocuk), Reinbek bei Hamburg: Rowohlt 1997

Kertész, Imre: *Roman eines Scbicksalslosen* (Kadersizlik), Reinbek bei Hamburg: Rowohlt Taschenbuch Verlag [8]2002 [1998]

Lavrin, Janko: *Dostojewskij* (Dostoyevski). Öz yaşam öyküsü ve Resimli Belgelerle. İngilizce'den aktaran Rolf-Dietrich Keil, Reinbek bei Hamburg: Rowohlt Taschenbuch Verlag [26] 2001 [1963]

Mauriac, Claude: *Marcel Proust.* Öz yaşam öyküsü ve Resimli Belgelerle. Fransızca'dan aktaran Eva Rechel-Mertens, Reinbek bei Hamburg: Rowohlt Taschenbuch Verlag [17] 2002 [1958]

Meyer, Kristina: *Das doppelte Gebeimnis. Weg einer Heilung - Analyse und Therapie eines sexuellen Mißbrauchs.* (Çifte Sır. Şifaya Götüren Yol – Bir Cinsel İstismar Çözümlemesi ve Terapisi) Freiburg im Breisgau/BasellViyana: Herder 1994

Miller, Alice: *Am Anfang was Erziehung* (Başlangıçta Eğitim Vardı), Frankfurt am Main: Suhrkamp 1980

Miller, Alice: *Das Drama des begabten Kindes und die Suche nach dem wahren Selbst Eine Um- und Fortschreibung* (Yetenekli Çocuğun Dramı ve Gerçek Benlik Arayışı – Bir Uygulama ve Güncelleme), Frankfurt am Main: Suhrkamp 1997

Miller, Alice: *Wege des Lebens. Sieben Geschichten* (Hayat Yolları – Yedi Öykü), Frankfurt am Main: Suhrkamp 1998a

Miller, Alice: *Du sollst nicht merken. Variationen über das Paradies-Thema* (Fark Etmeyeceksin – Cennet Teması Üzerine Varyasyonlar), Frankfurt am Main: Suhrkamp, rev. Aufl. 1998b

Miller, Alice: *Evas Erwachen. Über die Auflösung emotionaler Blindheit* (Havva'nın Uyanışı- Duygusal Körlüğün Çözülüşü Hakkında), Frankfurt am Main: Suhrkamp 2001

Miller, Alice: *Abbruch der Schweigemauer* (Sessizlik Duvarının Yıkılışı), Frankfurt am Main: Suhrkamp 2003 [Hamburg: Hoffmann und Campe 1990]

Miller, Alice: "Mitleid mit dem Vater. Über Saddam Hussein" (Baba Şefkati – Saddam Hüseyin Hakkında), in: Spiegel çevrimiçi, 12. 1. 2004

Miller, Judith / Mylroie, Laurie: *Saddam Hussein and the Crisis in the Gulf* (Saddam Hüseyin ve Körfez Krizi), New York: Times Books 1990

Mişima, Yukio: *Geständnis einer Maske* (Bir Maskenin İtirafları). Roman. İngilizce'den çeviren Helmut Hilzheimer, Reinbek bei Hamburg: Rowohlt Taschenbuch Verlag 2002 [1964]

Proust, Marcel: *Briefwechsel mit der Mutter* (Anneyle Yazışmalar). Seçen ve tercüme eden Helga Rieger. Philip Kolb'un Sönsözü ve Yorumlarıyla, Frankfurt am Main: Suhrkamp 1970

Proust, Marcel: *Jean Santeuil.* Fransızca'dan tercüme edne Eva Rechel-Mertens: gözden geçiren ve düzenleyen Luzius Keller, Frankfurt am Main: Suhrkamp 1992

Zaretsky, Eli: *Secrets of the Soul* (Ruhun Gizemleri), New York: Alfred A. Knopf 2004